Santiago

Por Josué I. Hernández

Santiago

Por Josué I. Hernández

Wayne Partain
1714 W. 25th Street
Odessa, TX 79763
partainwayne@gmail.com

Tabla de contenido

Tabla de contenidos (continuación)

Tabla de contenido

Tabla de contenidos (continuación)

Introducción a la epístola de Santiago

No todo el que envejece, madura. Todos reconocemos que hay una gran diferencia entre "edad" y "madurez". Idealmente, cuanto mayores seamos, más maduros deberíamos ser. Sin embargo, muchas veces, lo ideal no es real. El resultado de la inmadurez son los problemas personales, familiares y entre hermanos en Cristo.

La epístola de Santiago fue escrita para un auditorio que sufría por la inmadurez espiritual (cf. Sant. 1:4; 3:2). Queremos saber de antemano lo que encontraremos en el camino al estudiar la epístola de Santiago, y la presente lección tiene el propósito de mostrarnos a dónde vamos y lo que podemos esperar en este viaje bíblico.

¿Quién fue Santiago?

"El nombre Santiago es igual que Jacobo o Jaime (y aún Diego) El texto griego dice, en Stg. 1:1, iakobos (Jacobo), como también en los demás textos del Nuevo Testamento referentes a este nombre" (Bill H. Reeves, Notas sobre Santiago). Varios hombres en el registro del Nuevo Testamento llevaron este nombre:

- **Jacobo el pescador de Galilea** (Mat. 4:18-22). Quien junto a su hermano Juan fueron llamados "hijos del trueno" (cf. Mar. 3:17; Luc. 9:51-56). Quien fue asesinado por Herodes (Hech. 12:1,2; año 44 D.C.).
- **Jacobo hijo de Alfeo** (cf. Mat. 10:3; Hech. 1:13). Otro de los apóstoles. No hay indicios de que haya escrito alguna epístola.

- **Jacobo el padre del apóstol Judas** (Luc. 6:16). Un personaje oscuro en el registro bíblico. No hay indicio de que haya escrito alguna epístola.
- **Jacobo el hermano del Señor** (cf. Gal. 1:19). El hermano en cuanto a la carne de Jesús de Nazaret (Mat. 13:55), quien al principio no creía en Jesús (Jn. 7:5), pero que después de la resurrección de Jesús se convirtió en su discípulo (1 Cor. 15:7; Hech. 1:14). Este es el candidato más probable.

Jacobo, el hermano del Señor, se identifica a sí mismo como "siervo de Dios y del Señor Jesucristo" (Sant. 1:1). Un hermano columna de la iglesia en Jerusalén (Gal. 2:9), en la opinión de Pablo y la nuestra también:

- Cuando Pedro fue liberado de la cárcel envió un mensaje especial a Jacobo (Hech. 12:17).
- Desempeñó una participación importante en la conferencia en Jerusalén (Hech. 15:13-33).
- Cuando Pablo visitó Jerusalén se reunió especialmente con Santiago (Hech. 21:18,19).

¿Qué tipo de hombre era Santiago?

Un hombre profundamente espiritual que obtuvo prominencia en la iglesia de Jerusalén. Es conocido como "Santiago el justo". La tradición nos informa que fue un hombre de oración, lo cual explica su énfasis en la oración en la epístola. Se dice que oraba tanto que sus rodillas eran tan duras como las de un camello.

La tradición nos informa que Santiago fue martirizado en el año 62 D.C., al ser arrojado desde el pináculo del templo, para luego ser golpeado con palos y piedras hasta morir. Se indica que antes de morir Santiago dijo, "Padre, perdónalos, porque no saben lo que hacen".

¿A quiénes escribió Santiago?

La frase "las doce tribus de la dispersión" (Sant. 1:1), ha sido interpretada básicamente de tres maneras, las cuales son las siguientes:

- **Santiago escribió a los judíos que vivían fuera de Palestina.** Por lo tanto, "doce tribus" sería una referencia al pueblo de Israel, la nación judía (cf. Hech. 26:6,7) que desde los cautiverios asirio y babilonio estaba esparcido entre las naciones (cf. Hech. 2:5-11). Este enfoque de interpretación es inverosímil.
- **Santiago escribió a judíos cristianos.** Muchas veces les llama "hermanos". Los cuales serían sus hermanos en el Señor, y no hermanos en la carne (cf. Sant. 2:1). Este enfoque de interpretación tiene fuerza y mérito.
- **Santiago escribió a cristianos en general.** Entonces, la frase "las doce tribus de la dispersión" no se limita a cristianos judíos sino a todos los cristianos quienes forman el Israel espiritual (cf. Gal. 6:16). Pedro usa el término para la iglesia como el nuevo pueblo de Dios (1 Ped. 1:1; 2:9,10). Este enfoque de interpretación ha sido adoptado por este estudiante de la Biblia.

La condición general de los destinatarios era la pobreza. Siendo cristianos judíos, eran rechazados tanto por los propios judíos como por los gentiles. Siendo cristianos gentiles, eran rechazados por sus paisanos. La epístola indica que la mayoría de los destinatarios era oprimida por los ricos (Sant. 2:6,7).

¿Por qué les escribió Santiago?

Santiago quiere corregir la mentalidad de ellos, y ciertas actitudes y conductas. No reconocían el valor de las pruebas, ni el proceso de la tentación. Oían la palabra, pero no la ponían en práctica. Hacían acepción de personas. Competían por el puesto de maestro. No usaban bien su lengua. Eran faltos de sabiduría. Había mundanalidad en sus vidas.

¿Puede reconocer estos y otros problemas en la hermandad hoy? Ciertamente la epístola de Santiago continúa desafiándonos a madurar y desarrollarnos en el Señor.

Las deficiencias del auditorio bien se resumen con la declaración, "El hombre de doble ánimo es inconstante en todos sus caminos" (Sant. 1:8). Estos defectos, vicios, y fallas, tienen sus raíces en el "doble ánimo". Este "doble ánimo" indica un corazón dividido que debe ser limpiado (cf. Sant. 4:8).

Pero, Santiago no solo señala el error, sino que también procura lograr un estado de madurez en sus lectores, propósito que es resumido en la declaración, "para que seáis perfectos y cabales, sin que os falte cosa alguna" (Sant. 1:4; cf. 3:2).

El propósito de Santiago es lograr la madurez espiritual en su auditorio. Dios requiere de hombres y mujeres maduros. Pero, muchas veces sólo encuentra niños y niñas en su pueblo.

¿Cómo podemos aprovechar al máximo esta epístola?

Para disfrutar plenamente del beneficio de la epístola de Santiago, primeramente, debemos nacer de nuevo. Santiago escribe a un auditorio parido por Dios (Sant. 1:18). Este nuevo nacimiento se produce por la obediencia a la palabra del evangelio (1 Ped. 1:22,23), lo cual implica el nacer "de agua y del Espíritu" (Jn. 3:5), proceso que se completa en el bautismo (cf. Mar. 16:16; Tito 3:5), lo que siempre se enseñaba en el primer siglo (Hech. 2:38,41; 22:16).

En segundo lugar, debemos examinarnos honestamente. Santiago compara a la palabra de Dios con un espejo (Sant. 1:22-25), este espejo divino nos permite ver la realidad y corregirnos.

En tercer lugar, debemos obedecer lo que aprendemos. Ser "hacedores" no simplemente "oidores" (Sant. 1:22). La bendición no viene por simplemente oír la verdad, sino por obedecer la verdad (Sant. 1:25).

En cuarto lugar, debemos prepararnos para las pruebas. No hay otra forma de desarrollar la paciencia (Sant. 1:3). Sin embargo, todo sufrimiento valdrá la pena (Sant. 1:12).

Por último, debemos medir nuestra estatura espiritual. Pero, no debemos medirnos comparándonos con otros (cf. 2 Cor. 10:12). Debemos medirnos en relación con Cristo y su palabra.

Conclusión

No todos los que envejecen, crecen y maduran. Sencillamente, no es lo mismo "edad" que "madurez". Un cristiano de 15, 20 ó 30 años no será necesariamente un cristiano maduro.

Los cristianos maduros se gozan en el Señor a pesar de las pruebas, perseveran en oración, superan las tentaciones mientras trabajan en la obra, y son fuente de ánimo y apoyo en la iglesia.

"Siervo de Dios y del Señor Jesucristo"

Reconociendo que Jacobo, *"el hermano del Señor"* (Gal. 1:19) fue el autor de la epístola de Santiago es muy interesante que se identifique a sí mismo como *"siervo de Dios y del Señor Jesucristo"* (Sant. 1:1). Pablo se identificaba de la misma manera (Rom. 1:1; Fil. 1:1), al igual que Pedro (2 Ped. 1:1) y Judas (Jud. 1:1).

El sustantivo "siervo" (gr. "doúlos") significa "esclavo". ¿Por qué estos hombres de Dios se identificaban como "siervos"? ¿Por qué nosotros debiésemos vivir como "siervos" de Dios?

Todo discípulo de Cristo debe ser un "siervo"

Jesús destacó esta verdad en varias oportunidades. Por ejemplo, al condenar la falta de espíritu de servicio en los escribas y fariseos (Mat. 23:8-12), al indicar su propio ejemplo (Mat. 20:25-28; Fil. 2:5-8), y cuando lavó los pies de sus discípulos (Jn. 13:12-17).

Es común el hablar de que Dios nos llama, y se enfocan las grandes doctrinas de la fe, pero pocos de detienen a pensar que también somos llamados a servir a Dios (Sant. 1:1; Heb. 9:14), servir a Jesucristo (Sant. 1:1; 1 Cor. 4:1), servir a la justicia (Rom. 6:17,18), y servir por amor los unos a los otros (Gal. 5:13; 1 Cor. 9:19-23).

Ser un "siervo" es una marca de madurez espiritual

Una persona inmadura demuestra su niñez en el egoísmo. Por ejemplo, los bebés son muy egocéntricos, y normalmente, cuando la persona madura comienza a considerar a los demás, lo cual es una marca distintiva de vital madurez. En cambio, si alguno se resiste a considerar a los demás, o sencillamente, quiere que le sirvan o "servirse de los demás", demuestra inmadurez.

Una persona que sirve a otros ciertamente no es egoísta. Se preocupa por las necesidades de los demás. Por lo tanto, demuestra un comportamiento sano, maduro.

La descripción que hace Santiago de sí mismo es tremenda como marca de madurez espiritual sin atisbo alguno de jactancia, pero sí de honra, como veremos más adelante. Con esta carta de presentación Santiago hizo dos cosas. En primer lugar, señaló el problema de su auditorio, a la vez que les indicó la meta a la cual apunta su epístola.

Ser un "siervo" involucra tres cosas

Ser un "siervo" involucra "obediencia total". Sencillamente, en una relación de Amo-esclavo, el esclavo no conoce más ley que la palabra de su amo, el esclavo no tiene derechos, el esclavo es posesión de su amo, y por lo tanto, el esclavo está obligado a una obediencia total.

> "*¿O ignoráis que vuestro cuerpo es templo del Espíritu Santo, el cual está en vosotros, el cual tenéis de Dios, y que no sois vuestros? Porque habéis sido comprados por precio; glorificad, pues, a Dios en vuestro cuerpo y en vuestro espíritu, los cuales son de Dios*" (1 Cor. 6:19,20).

Cristo nos ha llamado en sus términos, no en los nuestros: "*¿Por qué me llamáis, Señor, Señor, y no hacéis lo que yo digo?" (Luc. 6:46). "No todo el que me dice: Señor, Señor, entrará en el reino de los cielos, sino el que hace la voluntad de mi Padre que está en los cielos*" (Mat. 7:21).

Ser un "siervo" involucra "humildad total". Sin humildad no hay obediencia. La humillación de la mente nos hace receptivos a la idea de la obediencia total. Considérese la autoestima de Pablo (cf. 1 Cor. 15:9,10; Ef. 3:8; 1 Tim. 1:15).

> *"Así también vosotros, cuando hayáis hecho todo lo que os ha sido ordenado, decid: Siervos inútiles somos, pues lo que debíamos hacer, hicimos"* (Luc. 17:10).

> *"Haced todo sin murmuraciones y contiendas"* (Fil. 2:14; cf. 1 Cor. 10:10; Sant. 1:19-21).

Ser un "siervo" involucra "fidelidad total". Una lealtad voluntaria y absoluta, *"Pues, ¿busco ahora el favor de los hombres, o el de Dios? ¿O trato de agradar a los hombres? Pues si todavía agradara a los hombres, no sería siervo de Cristo"* (Gal. 1:10).

El siervo fiel es leal solamente a su amo (cf. Mat. 6:24), para cumplir la voluntad de aquel a quien sirve libremente con diligencia y sin pereza.

Ser un "siervo" es un gran honor

Este es el "título" por el cual los más grandes hombres de Dios fueron conocidos: *"mi siervo Caleb"* (Num. 14:24). *"tus siervos Abraham, Isaac y Jacob"* (Deut. 9:27). *"Josué hijo de Nun, siervo de Jehová"* (Jos. 24:29). *"Moisés tu siervo"* (1 Rey. 8:53). *"mi siervo Job"* (Job 1:8; 2:3). *"mi siervo Isaías"* (Is. 20:3). *"los profetas mis siervos"* (Jer. 7:25).

Podemos ser compañeros de estos grandes hombres de Dios si nos hacemos "siervos" en el sentido absoluto de la palabra, en total sumisión a la perfecta voluntad de Dios.

Conclusión

Somos siervos de Dios y del Señor Jesucristo cuando manifestamos obediencia total, humildad total, y lealtad total.

Cuando servimos a Dios y al Señor Jesucristo, e incluso, a los hermanos, manifestamos una marca distintiva de madurez y vitalidad espiritual.

¿Hay alguna cosa de mayor honra que ser un "siervo de Dios y del Señor Jesucristo"? ¿Es usted siervo en tales términos?

Gozo en las pruebas

La instrucción inicial de Santiago nos sorprende, nos deja estupefactos, y contradice frontalmente la reacción de tantos. Obviamente, esta no es la reacción natural. Santiago dice que debemos tener por sumo gozo el estar padeciendo diversas pruebas (Sant. 1:2). Entonces, preguntamos, ¿por qué deberíamos hacer esto? Y, ¿cómo podemos hacer esto?

> *"Tened por sumo gozo, hermanos míos, el que os halléis en diversas pruebas, sabiendo que la prueba de vuestra fe produce paciencia, y que la paciencia tenga su perfecto resultado, para que seáis perfectos y completos, sin que os falte nada"* (Sant. 1:2-4, LBLA).

La gente tiende a equiparar el gozo con la diversión, la entretención, las carcajadas, y las luces y la música del espectáculo. Por contraste a semejante visión mundana, los escritores bíblicos presentan un enfoque diferente. El gozo genuino no está en las circunstancias que lo rodean a uno, está en la relación de uno con Dios y, por lo tanto, en el carácter de uno. Sencillamente, cuanto más nos parezcamos a Cristo, más gozo tendremos.

Así como los sillones reclinables no desarrollan los músculos de uno, las circunstancias cómodas y chistosas no desarrollan el carácter. Los músculos crecen con las pruebas del entrenamiento duro y persistente. El crecimiento espiritual también requiere pruebas a la fe de uno. El apóstol Pedro usó la figura del oro probado en el fuego (1 Ped. 1:7). Así como los metales preciosos se calientan al punto de lograr eliminar las impurezas y producir una calidad y forma deseadas, Santiago dice que las pruebas ardientes pueden hacer esto por nuestro carácter. Esta es la razón por la cual debemos regocijarnos con las pruebas que nos han sobrevenido.

La resistencia perseverante, el aguante, o paciencia, es el resultado primario. Tocando este punto el apóstol Pablo escribió, "*Y no sólo esto, sino que también nos gloriamos en las tribulaciones, sabiendo que la tribulación produce paciencia; y la paciencia, carácter probado; y el carácter probado, esperanza*" (Rom. 5:3,4, LBLA). Santiago nos recuerda, sin embargo, que el resultado final no será automático (por mucho que nos guste lo automático e inmediato), porque debemos dejar que la paciencia haga su obra, "*la paciencia ha de culminar en una obra perfecta para que seáis perfectos e íntegros, sin que dejéis nada que desear*" (Sant. 1:4, JER).

El "*perfecto resultado*" (LBLA), es decir, la "*obra completa*" (RV160) de la paciencia es doble. Sin embargo, si avanzamos chillando y quejándonos, amargados y deprimidos, el resultado esperado no se logrará porque aún no hemos desarrollado la necesaria paciencia.

Demasiadas personas, incluyendo a cristianos, hacen de las pruebas una ocasión para rebelarse contra Dios. Razonan que un Dios amoroso y bondadoso no debería permitir el sufrimiento en sus vidas, porque esperaban a un benefactor que solo daría las bendiciones que ellos deseaban, las cuales no incluían un carácter aprobado.

Sin embargo, Santiago nos enseña que a través de nuestras pruebas Dios nos moldea para convertirnos en la clase de personas que deberíamos ser. Por lo tanto, nuestro gozo estará arraigado en la aceptación de la voluntad de Dios en nuestras vidas (cf. Rom. 12:2).

Como alguien dijo, "Los cristianos no se distinguen por su inmunidad a los sufrimientos del resto de los mortales, sino por la forma en que enfrentan el sufrimiento y lo que hacen a pesar de él". Por supuesto, esto no es fácil. Nuevamente, necesitamos paciencia y humilde dependencia de Dios.

Buscando sabiduría en Dios

Santiago nos sorprende con su declaración acerca de las pruebas, *"Tened por sumo gozo, hermanos míos, el que os halléis en diversas pruebas, sabiendo que la prueba de vuestra fe produce paciencia, y que la paciencia tenga su perfecto resultado, para que seáis perfectos y completos, sin que os falte nada"* (Sant. 1:2, LBLA).

Pero, si carecemos de la perspectiva adecuada para contemplar la oportunidad en la prueba como una bendición de lo alto, ¿qué haremos? Santiago responde: *"Pero si alguno de vosotros se ve falto de sabiduría, que la pida a Dios..."* (Sant. 1:5, LBLA).

La reacción esperada de un cristiano que sufre, pero carece de la percepción adecuada en medio del problema que lo azota, es rogar a Dios sabiduría: *"Y si alguno de vosotros tiene falta de sabiduría, pídala a Dios, el cual da a todos abundantemente y sin reproche, y le será dada"* (Sant. 1:5).

Debemos detenernos aquí, para entender lo que es la <u>sabiduría</u>, y los siguientes comentarios serán de utilidad:

- "La sabiduría es la percepción sobre las causas subyacentes y la importancia o consecuencia de las cosas, percepción que le permite a uno aplicar de la mejor manera el conocimiento que tiene" (Homer Hailey).
- "...es la ciencia divina mediante la cual los hombres pueden discernir su mejor fin y saber cómo perseguirlo por los medios más adecuados" (Adam Clarke).
- "es la capacidad de utilizar el conocimiento correctamente" (J. V. McGee).

- "Para el pensamiento hebreo, la sabiduría no era un simple conocimiento, sino la aptitud para vivir una vida piadosa como Dios quiere que el hombre la viva (cf. Deut. 4:5-8)" (J. F. MacArthur).

Algunos padres no aprecian las peticiones de sus hijos como oportunidades para enseñarles, pero Dios no es así. Nuestro Padre celestial no se molestará con sus hijos que le piden sabiduría. Sencillamente, él está ansioso por dárnosla.

Por supuesto, la dificultad que afronta Santiago no es el carácter de Dios, sino el nuestro. ¿Confiamos plenamente en nuestro Padre celestial o somos de doble ánimo al respecto? "Pero pida con fe, no dudando nada; porque el que duda es semejante a la onda del mar, que es arrastrada por el viento y echada de una parte a otra. No piense, pues, quien tal haga, que recibirá cosa alguna del Señor. El hombre de doble ánimo es inconstante en todos sus caminos" (Sant. 1:6-8).

La Biblia nos enseña a orar conforme a la voluntad de Dios (1 Jn. 5:14), y es la voluntad de Dios que busquemos en él aquella sabiduría necesaria para resolver cómo actuar en las situaciones problemáticas y dolorosas de la vida.

Nótese que Santiago no nos instruye a rogar por la eliminación de las pruebas que nos han sobrevenido, ni tampoco afirma que la oración por sabiduría reemplazará al estudio bíblico (cf. Sant. 1:21-25; Sal. 19:7; Prov. 1:1-6; Col. 1:9-12; 2 Tim. 3:14-17).

Lo que debemos saber a pesar de lo que sentimos

No nos "sentimos" bien cuando sufrimos, no es nada entretenido, o placentero, el sufrir diversas pruebas. Pero, a pesar de lo que sentimos, hay cosas que podemos "saber", las cuales han de conducirnos por el buen camino. A esto se refiere Santiago cuando dijo, *"Hermanos míos, tened por sumo gozo cuando os halléis en diversas pruebas, sabiendo que la prueba de vuestra fe produce paciencia"* (Sant. 1:2,3).

Necesitamos aprender el bien que puede resultar de las diversas pruebas (Sant. 1:3-5), y saber que Dios quiere ayudarnos a pesar de ellas (Sant. 1:6-8). Además, tenemos otro componente que Santiago nos presenta: *"El hermano que es de humilde condición, gloríese en su exaltación; pero el que es rico, en su humillación; porque él pasará como la flor de la hierba. Porque cuando sale el sol con calor abrasador, la hierba se seca, su flor se cae, y perece su hermosa apariencia; así también se marchitará el rico en todas sus empresas"* (Sant. 1:9-11).

Aquel que es pobre puede disfrutar de la dignificación en Cristo, lo cual es su más grande ganancia que le ha sido dada (cf. 1 Tim. 6:6). Del mismo modo, el rico debe humillarse ante Dios para aceptar el perdón de los pecados que no pudo comprar. El rico puede gloriarse en esta humillación que ha resultado en su bendición (cf. 1 Tim. 6:17).

Nuestras circunstancias externas, es decir, socioeconómicas, no hacen la diferencia delante de Dios. A su vez, tales circunstancias no deben importarnos, a pesar de lo que sintamos, para distraernos de lo que debemos hacer. Lo importante es saber reaccionar en medio de las pruebas de la vida que azotan a ricos y a pobres.

No se distraiga por su pobreza o por su riqueza. La prosperidad no es evidencia de alguna aprobación divina. El dinero no puede comprar el perdón de los pecados. Y recuerde, que si incluso, su situación económica se mantiene estable toda la vida, no es nada en comparación con la eternidad. En realidad, todos, en Cristo Jesús, son ricos o son pobres dependiendo de cómo se mire (cf. Apoc. 2:9; 3:17).

Enfócate en la meta

Santiago enseñó que debemos apreciar nuestras pruebas con "*sumo gozo*" (Sant. 1:2). Dos consideraciones lo hacen posible. En primer lugar, las pruebas traen consigo el beneficio de un carácter madurado (Sant. 1:4). En segundo lugar, conducen a una bendición eterna "*Bienaventurado el varón que soporta la tentación; porque cuando haya resistido la prueba, recibirá la corona de vida, que Dios ha prometido a los que le aman*" (Sant. 1:12).

La Biblia hace referencia a dos tipos diferentes de coronas. Una corona es la "diadema", la corona real. Jesús usa múltiples diademas (Apoc. 19:12), lo cual indica su infinita majestad. Hay otra corona, la cual es la corona del vencedor (gr. "stefanos"), y esta es la corona mencionada por Santiago, la cual se entregaba a un guerrero que regresaba de una campaña exitosa, o al ganador en una competición determinada (cf. 1 Cor. 9:24-27). Esta corona también se usaba con fines ornamentales, como adorno. En este último sentido, Pablo habló de los hermanos como su "corona" (cf. Fil. 4:1; 1 Tes. 2:19).

La vida eterna es nuestra corona. Es lo que el Señor "*ha prometido a los que le aman*". Esta corona indica la victoria sobre el mundo, con sus tentaciones y pruebas. Es una gloriosa corona (1 Ped. 5:4) de justicia (2 Tim. 4:8). Nuestro éxito, por supuesto, aunque involucra obediencia persistente, es posible por la fuerza que el Señor nos da (cf. Ef. 3:16; Fil. 2:13; 4:13; Col. 1:11).

Santiago nos recuerda que miremos más allá de nuestras circunstancias inmediatas, que nos enfoquemos en la meta. El apóstol Pablo decía lo mismo, "*Pues tengo por cierto que las aflicciones del tiempo presente no son comparables con la gloria venidera que en nosotros ha de manifestarse*" (Rom. 8:18), "*Porque esta leve tribulación momentánea produce en nosotros un cada vez más excelente y eterno peso de gloria"* (2 Cor. 4:17), *"prosigo a la meta, al premio del supremo llamamiento de Dios en Cristo Jesús"* (Fil. 3:14).

Responsable de su pecado

La vida eterna es para aquellos que soportan la tentación y resisten la prueba (Sant. 1:12). Pero, ¿y si alguno falla? ¿Quién es el responsable de que alguno sucumba ante las tentaciones y pruebas? Santiago responde enfáticamente: El pecador es responsable de su pecado.

No podemos responsabilizar a Dios de nuestros pecados, porque *"Cuando alguno es tentado, no diga que es tentado de parte de Dios; porque Dios no puede ser tentado por el mal, ni él tienta a nadie"* (Sant. 1:13).

Alguno dirá "Dios me hizo así", para justificar su mal temperamento o inclinación sexual; una variante de esta afirmación es la siguiente, "así somos los salvadoreños"; otra variante es, "así somos los... (y pronuncian el apellido familiar)".

¿Recuerda lo que dijo Adán pretendiendo evitar su responsabilidad? *"La mujer que me diste por compañera me dio del árbol, y yo comí"* (Gen. 3:12).

¿Recuerda lo que dijo Saúl pretendiendo justificar su desobediencia? *"Porque vi que el pueblo se me desertaba, y que tú no venías dentro del plazo señalado, y que los filisteos estaban reunidos en Micmas, me dije: Ahora descenderán los filisteos contra mí a Gilgal, y yo no he implorado el favor de Jehová. Me esforcé, pues, y ofrecí holocausto"* (1 Sam. 13:11,12).

Dios no simpatiza con quienes atribuyen a él las tentaciones, y lo responsabilizan de sus pecados personales. Dios no es atraído por el mal, ni atrae a las personas al pecado para que lo cometan.

No podemos responsabilizar al diablo de nuestros pecados, porque no teníamos que seguir sus sugerencias, no teníamos que ceder a sus tentaciones. Ciertamente el diablo es *"el tentador"* (Mat. 4:3; cf. 1 Ped. 5:8), y Santiago implica la acción del diablo cuando indica la carnada para atraer con seducción (Sant. 1:14). Sin embargo, el pecador no tenía que pecar (Sant. 1:15; cf. Jn. 8:11; 1 Jn. 2:1).

Santiago explica el proceso de la tentación usando dos figuras. Primero, en términos de pesca o caza, la tentación es la oportunidad de satisfacer un deseo, satisfacción que se dará fuera de la esfera lícita, más allá del dominio propio. Así como un animal sale de su escondite, es decir la esfera de seguridad, para ir por la carnada, impulsado por el deseo de comerla, así es también con el pecado. En segundo lugar, Santiago indica la concepción. El deseo se fusionó con la voluntad para hallar la satisfacción, el resultado es un alumbramiento, lo que se ha dado a luz es el pecado. El resultado del pecado es la muerte eterna, si el pecador no se arrepiente para alcanzar la corona de vida (Sant. 1:12).

El pecador es el responsable de sus pecados, *"sino que cada uno es tentado, cuando de su propia concupiscencia es atraído y seducido. Entonces la concupiscencia, después que ha concebido, da a luz el pecado; y el pecado, siendo consumado, da a luz la muerte. Amados hermanos míos, no erréis"* (Sant. 1:14-16).

No es pecado ser tentado (Heb. 4:15). La tentación es la oportunidad de satisfacer algún deseo normal. El pecado es cuando el deseo es satisfecho ilícitamente. Si permitimos que nuestra mente se detenga frente al anzuelo de Satanás, es cosa de tiempo para sucumbir a la tentación.

Comprender este proceso es útil. La sabiduría demanda que estemos velando en sobriedad, evitando lugares o actividades donde otros sucumben rutinariamente al pecado y sus efectos. Debemos evitar los lugares o actividades donde hemos sucumbido en el pasado.

"Aborreced lo malo" (Rom. 12:9).

"Absteneos de toda especie de mal" (1 Tes. 5:22).

Dios es bueno

"Toda buena dádiva y todo don perfecto viene de lo alto, desciende del Padre de las luces, con el cual no hay cambio ni sombra de variación. En el ejercicio de su voluntad, El nos hizo nacer por la palabra de verdad, para que fuéramos las primicias de sus criaturas" (Sant. 1:17,18, LBLA).

Estos versículos bien ilustran la afirmación de Santiago de que la tentación no debe ser atribuida a Dios (Sant. 1:13). Dios es el dador de cosas buenas, no de cosas malas. Dios tiene una disposición favorable hacia nosotros, una que nos ayudará a hacer el bien, y nunca nos instará a hacer el mal.

Considere cuatro expresiones que usó Santiago para indicar este punto:

Dios es el "Padre de las luces". Los pueblos antiguos adoraban a menudo al sol, a la luna, y a las estrellas. Si bien son fuentes de luz, Dios es infinitamente más grande. Dios es la fuente de las fuentes que nos proporcionan luz, tanto en lo físico como en lo espiritual. La luz de Dios es consistente, a diferencia de la luz de los astros, porque Dios no cambia de ángulo. Dios siempre es el mismo, sin importar la hora o el lugar. La disposición de Dios y la voluntad de Dios no cambian. La luz de Dios nos ilumina de manera plena y precisa.

Dios "nos hizo nacer". Literalmente, el texto griego dice "nos dio a luz". Esto forma un vivo contraste con lo que argumentó Santiago anteriormente. Por una parte, dimos a luz al pecado por buscar satisfacer algún deseo, mientras que Dios nos dio a luz mediante su palabra por su beneplácito, lo que resultó en una nueva vida. ¿Hay alguna evidencia más poderosa del favor de Dios hacia nosotros?

Dios nos dio a luz por "la palabra de verdad". Esta expresión la encontramos cinco veces en el Nuevo Testamento, siempre como una referencia a la palabra verdadera del evangelio (2 Cor. 6:7; Ef. 1:13; Col. 1:5; 2 Tim. 2:15; Sant. 1:18). El evangelio es el medio de Dios para obrar el nuevo nacimiento. El Espíritu Santo es el autor de la palabra, por esto nacemos de él (Jn. 3:5), y los apóstoles de Cristo predicaron esta palabra, por esto somos engendrados por ellos (1 Cor. 4:15). En todos los casos bíblicos de conversión, la salvación es el resultado de oír, creer y obedecer al evangelio, por esta razón es vital que lo prediquemos y lo hagamos con precisión.

Dios nos dio a luz como "primicias". "Las primicias de los judíos no eran la cosecha entera, sino la primera parte (y a la vez, la parte mejor, Num. 18:12, Versión Moderna). Los judíos consagraban a Dios sus primicias (primeros frutos), como sacrificio especial, siendo lo mejor; así lo demandaba la Ley (Ex. 13:11-16; Num. 18:12,13; Deut. 18:4; véanse también Lev. 23:10; Num. 15:18; Deut. 26:2; Neh. 10:37; Ez. 44:30)" (B. H. Reeves, Notas sobre Santiago).

Las primicias fueron una expresión de gratitud, una forma de honrar a Dios (cf. Prov. 3:9), y un recordatorio de que la porción del Señor siempre es lo primero, lo mejor. También, las primicias fueron un anticipo de lo que vendría. Debemos recordar que la respuesta adecuada a la bondad de Dios es vivir como personas dedicadas, consagradas, completamente a él.

Dios en el libro Santiago

El libro Santiago no es un tratado teológico, es eminentemente práctico, un libro de qué hacer y qué no hacer. Sin embargo, al notar las diversas referencias de Santiago a Dios, uno obtiene una imagen más clara del Dios de la Biblia, nuestro Dios a quien servimos.

Dios es sabio y generoso, "*Y si alguno de vosotros tiene falta de sabiduría, pídala a Dios, el cual da a todos abundantemente y sin reproche, y le será dada*" (1:5).

Dios es santo, "*Cuando alguno es tentado, no diga que es tentado de parte de Dios; porque Dios no puede ser tentado por el mal, ni él tienta a nadie*" (1:13).

Dios es la fuente inmutable de todo bien, "*Toda buena dádiva y todo don perfecto desciende de lo alto, del Padre de las luces, en el cual no hay mudanza, ni sombra de variación*" (1:17).

Dios es único, no hay otro fuera de él, "*Tú crees que Dios es uno; bien haces. También los demonios creen, y tiemblan*" (2:19).

Dios es nuestro Creador, y llevamos su imagen, "*Con ella bendecimos al Dios y Padre, y con ella maldecimos a los hombres, que están hechos a la semejanza de Dios*" (3:9).

Dios es misericordioso, "*Pero él da mayor gracia. Por esto dice: Dios resiste a los soberbios, y da gracia a los humildes*" (4:6).

Dios es soberano, "*En lugar de lo cual deberíais decir: Si el Señor quiere, viviremos y haremos esto o aquello*" (4:15).

Dios es justo y juzga a los hombres, "*Hermanos, no os quejéis unos contra otros, para que no seáis condenados; he aquí, el juez está delante de la puerta*" (5:9; cf. 4:12).

Dios es misericordioso y compasivo, "*He aquí, tenemos por bienaventurados a los que sufren. Habéis oído de la paciencia de Job, y habéis visto el fin del Señor, que el Señor es muy misericordioso y compasivo*" (5:11).

Pronto para oír la palabra de Dios

Santiago escribió, *"Por esto, mis amados hermanos, todo hombre sea pronto para oír, tardo para hablar, tardo para airarse; porque la ira del hombre no obra la justicia de Dios. Por lo cual, desechando toda inmundicia y abundancia de malicia, recibid con mansedumbre la palabra implantada, la cual puede salvar vuestras almas"* (Sant. 1:19-21).

La admonición de Santiago de que seamos rápidos para oír, y a la vez lentos para hablar y lentos para airarnos, bien podría aplicarse a un sinnúmero de circunstancias. Sin embargo, en el contexto, este gran consejo indica la forma en la cual hemos de reaccionar a la palabra de Dios. La frase *"Por esto"* (Sant. 1:19), es una transición a la admonición presente, la cual está conectada con la gran bendición que Dios nos ha proporcionado mediante su bendita palabra (Sant. 1:18). Santiago nos enseña cual es la actitud necesaria para ser un buen oidor de la palabra de Dios.

Debemos oír atentamente

Santiago contrasta la justicia de Dios con *"toda inmundicia y abundancia de malicia"*. El pecado no solo es malo, es también repugnante. Debemos estar resueltos a la justicia y la santidad. Cualquier simpatía con el pecado nos indispone para oír adecuadamente la bendita palabra de Dios, porque el pecado necesitará ser justificado, y para ello la palabra de Dios tendrá que ser invalidada. El sustantivo griego usado por Santiago, y traducido *"inmundicia"* (gr. "ruparia"), se usaba comúnmente en el griego, entre otras cosas, para indicar el cerumen en los oídos.

Debemos oír con mansedumbre, humildad

Oímos con atención y gran respeto a los técnicos y expertos, ya sean financieros o médicos, porque entendemos que tienen más conocimientos que nosotros. Queremos beneficiarnos de lo que ellos saben, y los oímos con atención. ¡Cuánto más debemos respetar al Dios todopoderoso y atender a su sabiduría!

Debemos oír con ligereza

Se requiere de cada cual que sea *"pronto para oír"* la palabra de Dios. Nunca debemos asumir que lo que Dios dice ya lo sabemos. Debemos estar ansiosos por oír la palabra de Dios, y aprender de ella. Aprovechar cada oportunidad para oír la palabra de Dios proporcionará crecimiento, y salvación (cf. 1 Ped. 2:2).

Debemos oír con espíritu sosegado

Se requiere de cada cual que sea *"tardo para hablar"* ante el mensaje de la palabra de Dios. ¡Es muy difícil oír cuando al mismo tiempo hablamos! Pensar en lo que nos dicen antes de responder siempre será un buen consejo, a menudo desatendido. En el contexto presente, la admonición de Santiago indica la necesidad de oír con atención a la verdad divina antes de proferir opiniones que se oponen a la verdad de Dios.

Solo un espíritu sereno y reverente permanecerá tranquilo y calmo, es decir, *"tardo para airarse"*. La palabra de Dios a menudo nos corrige, y es tentador el airarnos por la reprensión o por la verdad que se opone a nuestras preferencias. Sin embargo, *"la ira del hombre no obra la justicia de Dios"*. La ira se interpone en el camino de la obediencia, cierra nuestra mente, imposibilitando que hagamos lo que debemos hacer.

Debemos oír contemplativamente

Se requiere de cada cual que reciba "*con mansedumbre la palabra implantada*", que aprecie debidamente el mensaje y lo guarde en su corazón. Lo haremos si entendemos el propósito de la sagrada Escritura (2 Tim. 3:16,17; 2 Tim. 4:2) y el beneficio de cada instrucción, cada corrección, cada advertencia, cada promesa, y cada mandamiento.

Hacedores de la palabra

Habiéndonos exhortado a oír la palabra de Dios con humildad, sinceridad, paciencia, consideración, etc., Santiago avanzó su argumentación al siguiente paso obvio, sin el cual la mejor manera de oír será inútil.

Santiago escribió: *"Pero sed hacedores de la palabra, y no tan solamente oidores, engañándoos a vosotros mismos"* (Sant. 1:22).

De una manera sencilla, pero contundente, Santiago enfatizó su argumento con la siguiente ilustración: *"Porque si alguno es oidor de la palabra pero no hacedor de ella, éste es semejante al hombre que considera en un espejo su rostro natural. Porque él se considera a sí mismo, y se va, y luego olvida cómo era. Mas el que mira atentamente en la perfecta ley, la de la libertad, y persevera en ella, no siendo oidor olvidadizo, sino hacedor de la obra, éste será bienaventurado en lo que hace"* (Sant. 1:23-25).

La ilustración de Santiago comienza comparando dos espejos. Así como el espejo refleja nuestra imagen física, es decir, la condición de nuestro cuerpo, la *"palabra de verdad"* (Sant. 1:18), refleja nuestra imagen espiritual, es decir, la condición de nuestra persona interior. Santiago podría estar contrastando dos tipos de mirada, ya que los verbos son diferentes para cada una, sin embargo, ambas palabras indican algo más que una mirada casual. El principal contraste, sin duda, está en la reacción al haberse mirado en el espejo.

Si alguno se contempla en el espejo, y observando que debe arreglarse no hace nada al respecto, su mirada en el espejo ha resultado en una pérdida de tiempo. Y es una pérdida de tiempo porque olvidó los cambios necesarios que debía hacer al distraerse por otras cosas que ocupan su mente. La mirada provechosa es la que observa cuáles son los cambios necesarios que deben realizarse, y los hace; esta es la mirada que resulta en acciones de corrección concretas. Enfoquemos lo que Santiago dijo por el Espíritu, *"En cambio el que considera atentamente la Ley perfecta de la libertad y se mantiene firme, no como oyente olvidadizo sino como cumplidor de ella, ése, practicándola, será feliz"* (Sant. 1:25, JER).

El hombre no será bendecido por lo que lea u oiga de la Biblia, sino por la aplicación de lo que ella dice a su vida. Dicho de otro modo, el conocimiento bíblico no es un fin en sí, sino un medio que debe motivar la acción obediente (cf. 2 Tim. 3:16,17; Mat. 7:21; Luc. 6:46; Heb. 5:9).

La *"palabra de verdad"* (Sant. 1:18), que puede salvar nuestras almas (v.21), es *"la perfecta ley, la de la libertad"* (v.25), es decir, el evangelio (cf. Ef. 1:13; 1 Cor. 9:27). Esta ley es perfecta porque se ha completado, o culminado, en Cristo (Heb. 1:1,2) y es suficiente para completarnos con todos sus preceptos y promesas (cf. Ef. 4:11,12; 2 Tim. 3:16,17; 2 Ped. 1:3,4). El apóstol Pedro dijo que la ley de Moisés era *"un yugo que ni nuestros padres ni nosotros hemos podido llevar"* (Hech. 15:10). La ley de Cristo, en cambio, no solo es un sistema legal, también es un sistema de gracia (cf. Jn. 1:17; Rom. 6:14) que nos liberta del pecado para que podamos servir con esperanza al Dios vivo.

¿Somos "hacedores de la palabra" o solamente "oidores de la palabra"?

Religión vana

> *"Si alguno se cree religioso entre vosotros, y no refrena su lengua, sino que engaña su corazón, la religión del tal es vana. La religión pura y sin mácula delante de Dios el Padre es esta: Visitar a los huérfanos y a las viudas en sus tribulaciones, y guardarse sin mancha del mundo"* (Sant. 1:26,27).

Nos sorprendemos de que la Biblia use tan pocas veces el sustantivo religión, o el adjetivo religioso. Por lo general, entendemos que la religión de alguno son sus creencias y prácticas que particularmente se refieren a Dios. No obstante, suele describirse a una persona como religiosa para indicar su fidelidad, o dedicación, a algo, por ejemplo, cuando alguno observa una dieta religiosamente.

Cuando Santiago habla de religión se refiere a la "observación ceremonial" (Strong), al "culto religioso, especialmente externo, el que consiste en ceremonias, disciplina religiosa" (Thayer), es decir, a la "religión en su aspecto externo, culto religioso, en especial referente al servicio ceremonial de la religión" (Vine).

Santiago expuso dos puntos vitales. En primer lugar, indicó que la religión de alguno puede ser vana, infructífera, sin valor alguno. En segundo lugar, señaló el peligro del autoengaño por creer que estamos haciendo lo suficiente.

Nuestra religión puede ser vana

Si bien es un peligro ampliamente reconocido, la amonestación de Santiago a menudo es ignorada. Sencillamente, la religión no tiene valor alguno si es conforme a una mentira. Por ejemplo, los atenienses eran evidentemente *"religiosos"*, en todo el sentido de la palabra, y Pablo admitió públicamente tal cosa (Hech. 17:22), pero eran idólatras que adoraban desde la ignorancia (Hech. 17:23) y debían arrepentirse (Hech. 17:30). Otro ejemplo lo encontramos en los corintios, quienes habían llegado a negar la resurrección general. El apóstol Pablo razonó con ellos indicándoles que al negar la resurrección la fe de ellos era vana e inútil (1 Cor. 15:12-17).

La Biblia da mucha importancia a la verdad. Somos santificados en la verdad (Jn. 17:17) y libertados por ella (Jn. 8:32; cf. Ef. 1:13; Col. 1:5). Por lo tanto, debemos estar verificando que lo que creemos y afirmamos realmente se enseña en la palabra de Dios.

Avanzando en este argumento, Santiago indicó la vana religión de aquel que no aplica la verdad a su vida cotidiana. Es decir, de nada nos sirve creer la verdad si no la practicamos. Normalmente el cristiano participa con frecuencia en actos religiosos públicos, cosas que habitualmente son asociadas a la religión, pero *"Si alguno se cree religioso entre vosotros, y no refrena su lengua, sino que engaña su corazón, la religión del tal es vana"* (Sant. 1:26). Sencillamente, el que se conduce con chismes, mentiras, blasfemias, y toda clase de habla maligna, seguramente participa de una religión vana, infructífera, sin valor alguno (cf. Sant. 3:10). En fin, toda impiedad e injusticia hacen del esfuerzo religioso uno vano (cf. Mat. 7:21-23; Rom. 2:17-24).

Podemos autoengañarnos

Los fariseos hacían largas oraciones mientras devoraban las casas de las viudas (Mar. 12:40). Nosotros podríamos convencernos de que estamos practicando lo suficiente de religión, basándonos, por ejemplo, en algunas observancias en las cuales participamos cada semana. No obstante, la adoración no debe subestimarse, y siempre debe estar equilibrada con una vida piadosa.

Miqueas escribió, *"Oh hombre, él te ha declarado lo que es bueno, y qué pide Jehová de ti: solamente hacer justicia, y amar misericordia, y humillarte ante tu Dios"* (Miq. 6:8).

La religión pura

El libro Santiago enfatiza la acción. Por lo tanto, nuestra religión no debe consistir simplemente en creer algunos hechos y datos, adherirse a una iglesia y participar de actos formales de adoración. Dios demanda una aplicación personal, práctica y cotidiana, de su sagrada verdad a nuestra vida (cf. Miq. 6:8; Rom. 2:17-24).

Santiago dice, sin rodeos, que una religión que no gobierna la conducta para complacer a Dios es una religión que no vale nada (Sant. 1:26). En contraste con lo anterior, *"La religión pura y sin mácula delante de Dios el Padre es esta: Visitar a los huérfanos y a las viudas en sus tribulaciones, y guardarse sin mancha del mundo"* (Sant. 1:27). He aquí una aplicación tanto interna como externa, como positiva y negativa, para cada individuo.

Satanás es el dios de este mundo en un sentido muy real (2 Cor. 4:4). Sus valores están en oposición a los valores de Dios. El desafío constante del cristiano es vivir en un mundo impío, pero sin conformarse al mundo (cf. Rom. 12:2; 13:13,14). Recordamos que Jesucristo oró, *"No ruego que los quites del mundo, sino que los guardes del mal"* (Jn. 17:15).

Santiago nos enseña que la religión pura es mucho más que abstenerse del mal, también requiere hacer lo correcto positivamente, lo cual incluye ayudar a los demás. Dicho de otro modo, la religión pura es una vida de servicio.

A lo largo del Antiguo Testamento, proveer para huérfanos y viudas personificaba el amor y la preocupación de Dios, quien es *"Padre de huérfanos y defensor de viudas..."* (Sal. 68:5; cf. 1 Jn. 3:17; 4:20).

El prejuicio

La palabra prejuicio significa exactamente lo que indica, prejuzgar, formarse una opinión de antemano sin examinar la evidencia, y proceder conforme a esta idea preconcebida. A menudo es una evaluación basada en factores tales como la procedencia, la ocupación, el estatus, la apariencia, etc.

El prejuicio se expresa en cómo respondemos a los demás. Favorecemos a los aprobados por nosotros, mientras menospreciamos a los desaprobados. Sencillamente, el prejuicio es un error fácil de cometer. Podemos fallar rápidamente sino velamos.

Santiago descubrió que el prejuicio se había infiltrado en las iglesias, y, por lo tanto, amonestó diciendo: *"Hermanos míos, que vuestra fe en nuestro glorioso Señor Jesucristo sea sin acepción de personas. Porque si en vuestra congregación entra un hombre con anillo de oro y con ropa espléndida, y también entra un pobre con vestido andrajoso, y miráis con agrado al que trae la ropa espléndida y le decís: Siéntate tú aquí en buen lugar; y decís al pobre: Estate tú allí en pie, o siéntate aquí bajo mi estrado; ¿no hacéis distinciones entre vosotros mismos, y venís a ser jueces con malos pensamientos?"* (Sant. 2:1-4).

¿Por qué los hermanos tratarían de semejante manera a los visitantes? Una respuesta obvia en este caso es la codicia. El visitante adinerado podría ser fuente de futuros favores. No obstante, los visitantes podrían ser clasificados por otras razones. Una iglesia orgullosa aprobará a los invitados que se ajustan a determinada imagen. Otra iglesia podría reaccionar con miedo frente a los que son diferentes. Sea como fuere el caso, Santiago condena tal actitud marcándola como la expresión de *"malos pensamientos"* (RV1960) o *"criterios malos"* (JER).

Otra área potencial de prejuicio en las iglesias es el cuidado de nuestros miembros. En la primera iglesia, Jerusalén, *"Por aquellos días, al multiplicarse los discípulos, hubo quejas de los helenistas contra los hebreos, porque sus viudas eran desatendidas en la asistencia cotidiana"* (Hech. 6:1). Si eso sucedió en Jerusalén, podría suceder en cualquier otra iglesia del Señor. Es evidente que seremos más conscientes de las necesidades de los miembros que están más relacionados con nosotros, por ejemplo, los parientes en la congregación. No obstante, la Biblia nos enseña a ser considerados con todos, *"a fin de que en el cuerpo no haya división, sino que los miembros tengan el mismo cuidado unos por otros"* (1 Cor. 12:25).

1 Timoteo 5 aborda el prejuicio respecto al juicio de alguno de los ancianos. Obviamente, la restauración de uno de los ancianos no es el momento para favorecer a los amigos a pesar de que no califiquen, o rechazar a uno que se ha arrepentido porque no es de nuestros parientes o amigos más cercanos. *"Te encarezco delante de Dios y del Señor Jesucristo, y de sus ángeles escogidos, que guardes estas cosas sin prejuicios, no haciendo nada con parcialidad"* (1 Tim. 5:21).

"Es pecado mostrar preferencias facciosas, o favoritismo según parentela, posición social o de autoridad, u otra consideración humana. Dios no hace acepción de personas; no hemos de hacerla tampoco nosotros" (B. H. Reeves, Notas sobre 1 Timoteo).

Dios nos ayude a ser justos, objetivos, imparciales, así como también bondadosos y misericordiosos en nuestro trato con los demás.

La condenación del favoritismo

Cuando se dice que "la justicia es ciega" se entiende que la justicia no reacciona con favoritismo entre las personas, ya que se aplica de forma equitativa y con el mismo estándar a todos. Al menos, este ha sido el ideal que hemos procurado. Y a pesar de los decepcionantes fallos de la justicia terrenal, atiborrada de favoritismo e inmoralidad, Dios es *"El Juez de toda la tierra"* (Gen. 18:25), y *"ha establecido un día en el cual juzgará al mundo con justicia"* (Hech. 17:31).

La Biblia prohíbe el favoritismo, y tanto en el Antiguo Testamento, como en el Nuevo Testamento, Dios condenó esta forma de maldad: *"No harás injusticia en el juicio, ni favoreciendo al pobre ni complaciendo al grande; con justicia juzgarás a tu prójimo"* (Lev. 19:15). *"...y cualquier otro mandamiento, en esta sentencia se resume: Amarás a tu prójimo como a ti mismo. El amor no hace mal al prójimo; así que el cumplimiento de la ley es el amor"* (Rom. 13:9,10).

Reconociendo el pecado del favoritismo entre su auditorio, Santiago escribió por el Espíritu lo siguiente: *"Hermanos míos, no tengáis vuestra fe en nuestro glorioso Señor Jesucristo con una actitud de favoritismo"* (Sant. 2:1, LBLA). La versión Reina-Valera 1960 traduce: *"que vuestra fe en nuestro glorioso Señor Jesucristo sea sin acepción de personas"*.

Entre el auditorio de Santiago estaba *"el hombre de doble ánimo"* (1:8) quien necesitaba hacer arreglos urgentes en su corazón (4:8), recibir *"con mansedumbre la palabra implantada"* (1:19-21), y volverse un *"hacedor de la palabra"* en lugar de quedarse como un simple *"oidor olvidadizo"* (1:22-25) engañándose a sí mismo (1:26).

En este caso, el hombre de doble ánimo asistía a las reuniones, algo que es bueno, pero practicaba el favoritismo, lo cual es contrario al evangelio de nuestro glorioso Señor Jesucristo: "*Porque si en vuestra congregación entra un hombre con anillo de oro y vestido de ropa lujosa, y también entra un pobre con ropa sucia, y dais atención especial al que lleva la ropa lujosa, y decís: Tú siéntate aquí, en un buen lugar; y al pobre decís: Tú estate allí de pie, o siéntate junto a mi estrado; ¿no habéis hecho distinciones entre vosotros mismos, y habéis venido a ser jueces con malos pensamientos?... Si en verdad cumplís la ley real conforme a la Escritura: AMARAS A TU PROJIMO COMO A TI MISMO, bien hacéis. Pero si mostráis favoritismo, cometéis pecado y sois hallados culpables por la ley como transgresores*" (Sant. 2:2-9, LBLA).

Comentando sobre el "favoritismo" el señor W. E. Vine escribió: "denota acepción de personas, parcialidad; es el delito de uno que, siendo responsable de emitir un juicio, muestra respeto hacia la posición, rango, popularidad o circunstancias de los hombres, en lugar de examinar sus condiciones intrínsecas, prefiriendo los ricos y poderosos a aquellos que no lo son (Rom. 2:11; Ef. 6:9; Col. 3:25; Sant. 2:1). Contrastar, sin embargo, Levítico 19:15, donde se advierte de una tentación inversa, la de favorecer al pobre meramente por ser pobre, pervirtiendo los méritos intrínsecos del caso".

El punto de Santiago es sencillo, el cristiano no debe violar la fe del evangelio haciendo acepción de personas, es decir, expresando favoritismo, por circunstancias superficiales, externas, o ajenas, al caso en sí.

"El favoritismo es totalmente extraño al ejemplo del Señor o a las enseñanzas del NT. No hay lugar en el cristianismo para el esnobismo o la discriminación... El esnobismo y la distinción de castas son cosas totalmente inconsecuentes con el verdadero cristianismo. El servilismo ante la grandeza humana no tiene lugar en presencia del Señor de la Gloria. El menosprecio de otros por nacimiento, raza, sexo o pobreza es una negación práctica de la fe. Este mandamiento no contradice otras secciones del NT donde se manda a los creyentes a mostrar el apropiado respeto a los gobernantes, amos, ancianos y padres. Hay ciertas relaciones divinamente ordenadas que han de ser reconocidas (Rom. 13:7). En este pasaje, lo que se prohíbe es mostrar una obsequiosa deferencia por sus vestidos caros u otras distinciones artificiales" (W. MacDonald).

El apóstol Pedro dijo, "En verdad comprendo que Dios no hace acepción de personas" (Hech. 10:34). Y, el apóstol Pablo escribió, "porque no hay acepción de personas para con Dios" (Rom. 2:11). Sin embargo, ¿hacemos nosotros tal cosa? ¿Nos estamos esforzando por actuar con justicia a pesar de la apariencia o condición de los demás?

> "Porque cualquiera que guardare toda la ley, pero ofendiere en un punto, se hace culpable de todos. Porque el que dijo: No cometerás adulterio, también ha dicho: No matarás. Ahora bien, si no cometes adulterio, pero matas, ya te has hecho transgresor de la ley. Así hablad, y así haced, como los que habéis de ser juzgados por la ley de la libertad. Porque juicio sin misericordia se hará con aquel que no hiciere misericordia; y la misericordia triunfa sobre el juicio" (Sant. 2:10-13).

Hablando de la fe

La fe es fundamental. Sin fe *"es imposible agradar a Dios"* (Heb. 11:6). El pecador es salvo por fe (Ef. 2:8,9), y el santo camina por ella (2 Cor. 5:7). La fe se produce en la mente por oír la palabra de Dios (Rom. 10:17). La fe no es, como se indica comúnmente "un salto a ciegas"; todo lo contrario, la fe está basada en la evidencia (cf. Jn. 20:26-31).

¿Tengo fe? ¿Cómo puedo saberlo? ¿Qué diría Dios de mi vida respecto a la fe? Santiago en el capítulo 2 de su epístola nos ayuda a responder estas preguntas.

Para empezar, debemos hacer más que hablar de fe, *"Hermanos míos, ¿de qué aprovechará si alguno dice que tiene fe, y no tiene obras? ¿Podrá la fe salvarle?"* (Sant. 2:14).

Hay varias formas en las que alguno podría afirmar que tiene fe. Podría decírselo a sí mismo, podría decirlo a los demás, podría responder preguntas acerca de su fe. Incluso, podría cantar sobre su fe, y participar de las oraciones afirmando que tiene fe.

Sin duda alguna, Dios quiere que hablemos de nuestra fe. Debemos confesar nuestra fe en Jesucristo para nuestra salvación (Rom. 10:9,10). Debemos compartir con otros nuestra fe (2 Tim. 2:2). Si confesamos a Jesús, incluso ante nuestros enemigos, él nos confesará delante de su Padre (Mat. 10:32,33).

No obstante, Santiago advierte que la expresión de la fe salvadora es más que sólo hablar de ella. La fe debe manifestarse en nuestra conducta, no sólo en nuestras conversaciones. Santiago ilustra su punto de la siguiente manera, *"Y si un hermano o una hermana están desnudos, y tienen necesidad del mantenimiento de cada día, y alguno de vosotros les dice: Id en paz, calentaos y saciaos, pero no les dais las cosas que son necesarias para el cuerpo, ¿de qué aprovecha? Así también la fe, si no tiene obras, es muerta en sí misma*" (Sant. 2:15-17).

El simple hecho de *hablar de la solución* a la necesidad de un hermano pobre obviamente *no hace nada* por satisfacer esa necesidad. Hablar es inútil si no va acompañado de la acción adecuada. Lo mismo ocurre con la fe. Si todo lo que hacemos es hablar sobre ello, nuestra fe es tan muerta como la autoproclamada, pero vacía, preocupación fraternal en la ilustración de Santiago.

Fe demoníaca

Santiago, escribiendo en un estilo conversacional a sus hermanos, afirmó que la fe sin obras está muerta (Sant. 2:17). Esta es la fe que no puede salvar, que es inútil en todo sentido práctico (Sant. 2:14).

Santiago describe a un adversario imaginario, quien representa al hombre de doble ánimo (1:8; 4:8), adversario señalado como "alguno", quien replicaría al argumento de Santiago diciendo, *"Tú tienes fe"* (Sant. 2:18), es decir, "tú, Santiago, eres como yo, también tienes fe al igual que yo la tengo". Sin embargo, Santiago le responde, *"yo tengo obras"* (2:18), en otras palabras, "yo no tengo solamente fe, sino también tengo obras que completan y perfeccionan mi fe" (cf. 2:22). Entonces, en un ataque directo al argumento del hermano "alguno", Santiago le desafía, *"Muéstrame tu fe sin tus obras"* (2:18). ¿Podría el hermano "alguno" mostrar su fe sin sus obras? Sabemos la respuesta. Entonces, ya que su adversario no puede mostrar su fe sin acciones de fe, Santiago agrega, *"yo te mostraré mi fe por mis obras"* (2:18).

Para mostrar de una manera más elocuente, la inutilidad de la fe sin obras, Santiago señaló la fe de los demonios. *"Tú crees que Dios es uno; bien haces. También los demonios creen, y tiemblan. ¿Mas quieres saber, hombre vano, que la fe sin obras es muerta?"* (Sant. 2:19,20).

"Dios es uno", esta es una verdad fundamental. Moisés dijo a los israelitas, "Oye, Israel: Jehová nuestro Dios, Jehová uno es" (Deut. 6:4). Este versículo, junto con algunos que lo siguen, es tan fundamental que comúnmente se recitaba como una oración diaria en las sinagogas judías.

¿Crees en Dios? ¡También los demonios! La fe de los demonios es expresada de una manera emocional, al punto que tiemblan ante la perspectiva de enfrentarse a Dios. Sin embargo, la fe de los demonios no resulta en su salvación.

Para ilustrar la manera en que los demonios tiemblan ante Dios, recordemos como varios endemoniados reaccionaban ante Jesús en el registro de Marcos. En la sinagoga de Nazaret un endemoniado dijo a Jesús, "*¡Ah! ¿qué tienes con nosotros, Jesús nazareno? ¿Has venido para destruirnos? Sé quién eres, el Santo de Dios*" (Mar. 1:24). Otro endemoniado, "*Cuando vio, pues, a Jesús de lejos, corrió, y se arrodilló ante él. Y clamando a gran voz, dijo: ¿Qué tienes conmigo, Jesús, Hijo del Dios Altísimo? Te conjuro por Dios que no me atormentes*" (Mar. 5:6,7). Marcos resumió, "*Y los espíritus inmundos, al verle, se postraban delante de él, y daban voces, diciendo: Tú eres el Hijo de Dios*" (Mar. 3:11).

Los demonios tienen más sentido común que los ateos o agnósticos. Su fe es acompañada con una fuerte reacción emocional, pero seguramente nadie diría que es suficiente tal reacción emocional para ser salvos. Siendo este el caso, uno tendría que ser un necio para creer en la existencia de Dios, pero vivir sin obedecerle. Incluso, si alguno llega a temblar ante la idea de enfrentarse un día a Dios, su fe no es más que la fe de los demonios.

¿Qué clase de fe tiene usted?

Fe perfecta

La fe aprobada por Dios (Heb. 11:1,6) es preciosa (2 Ped. 1:1). Sin embargo, la Biblia menciona varias clases de fe: "poca fe" (Mat. 8:26), "grande" fe (Mat. 15:28), "tanta fe" (Luc. 7:9), "fe muerta" (Sant. 2:26), fe naufragada (1 Tim. 1:19), etc.

Santiago describe la fe perfecta, una fe que todos debemos procurar, de la siguiente manera: "*¿No fue justificado por las obras Abraham nuestro padre, cuando ofreció a su hijo Isaac sobre el altar? ¿No ves que la fe actuó juntamente con sus obras, y que la fe se perfeccionó por las obras? Y se cumplió la Escritura que dice: Abraham creyó a Dios, y le fue contado por justicia, y fue llamado amigo de Dios*" (Sant. 2:21-23).

La fe perfecta comienza por oír la palabra de Dios (cf. Rom. 10:17; Hech. 15:7). Ciertamente, podemos creer algo que Dios no ha dicho, pero cuando lo hacemos eso no es fe, sino imaginación e ilusiones, tal vez, terquedad de la propia voluntad, o algo similar.

La fe perfecta confía en lo que Dios dice, ya sean sus promesas, ya sean sus advertencias. Abraham creyó a Dios. Esto es algo extraordinario. Dios comunicó cosas notables a Abraham. Prometió que engrandecería a Abraham, que su descendencia se convertiría en una gran nación, incluso, que sería bendición para el mundo entero. Abraham no entendía cómo Dios haría todo esto (Rom. 4:19,20), pero tomó en cuenta la infinita grandeza de Dios y creyó que Dios lo haría (Rom. 4:21) avanzando en su caminar de fe (Rom. 4:12). La fe hace esto.

La fe perfecta hace lo que Dios dice. Confía en las instrucciones de Dios con la misma certeza que confía en sus promesas y advertencias. Santiago ilustra lo que quizás es el mandato más difícil que Dios haya pronunciado a un hombre. Isaac era el hijo de Abraham a través de quien Dios cumpliría sus promesas. Sin embargo, Dios le ordenó que tomara a su amado hijo y lo ofreciera en holocausto (Gen. 22:1-18). ¿Era un mandamiento razonable? ¿No parecía contradecir las promesas de Dios? Independientemente de lo que pensemos, esto es lo que Dios mandó y lo que Abraham obedeció sin dudar. El hecho de que Dios detuvo a Abraham en el último segundo de ninguna manera disminuye la fe de Abraham (Gen. 22:10-12). Abraham obedeció a Dios.

La fe perfecta justifica. La fe de Abraham fue contada para justicia, es decir, cumplió con la condición por la cual Dios perdona, haciendo al hombre justo (Rom. 4:5-8). Santiago quiere que entendamos que la única fe que justifica es la fe activa y obediente, "*Vosotros veis, pues, que el hombre es justificado por las obras, y no solamente por la fe*" (Sant. 2:24).

La única vez que la Biblia dice "*solamente por la fe*" (Sant. 2:24) enseña que el hombre no es justificado solo por la fe. Santiago nos enseña que es necesario que el creyente manifieste una fe perfecta la cual confía en Dios y cumple sus demandas.

La fe de Rahab

Abraham es el epítome de un hombre de fe. Pablo lo llamó *"padre de todos los creyentes"* (Rom. 4:11). ¿Quiénes son estos que creen? Pablo responde indicando que son aquellos que también *"siguen las pisadas de la fe que tuvo nuestro padre Abraham"* (Rom. 4:12; cf. Gal. 3:9). Santiago usa a Abraham para ilustrar que la fe aceptable es la fe obediente (Sant. 2:21-24).

Luego de indicar el ejemplo de Abraham, Santiago nos lleva a considerar el caso de Rahab, *"Y de la misma manera, ¿no fue la ramera Rahab también justificada por las obras cuando recibió a los mensajeros y los envió por otro camino?"* (Sant. 2:25, LBLA). La historia de Rahab está registrada en Josué 2:1-21 y concluye en Josué 6:22-25.

En muchos sentidos es difícil imaginar dos personajes históricos más diferentes que Abraham y Rahab. Además, de ser géneros opuestos, él era hebreo y ella una gentil, él era un hombre recto y piadoso, y ella una ramera, él era el progenitor del pueblo escogido de Dios y ella era una ciudadana de una nación maldita.

Estas diferencias pueden ser la razón por la que Santiago eligió a Rahab como su segundo ejemplo. Juntos, un patriarca y una prostituta ilustran la universalidad del principio de que la fe salvadora se demuestra y perfecciona en las obras.

Una lectura cuidadosa de Josué 2 revela la conveniencia de seleccionar a Rahab como ejemplo. En su declaración a los espías, Rahab dijo, *"Porque hemos oído que Jehová hizo secar las aguas del Mar Rojo delante de vosotros cuando salisteis de Egipto..."* (Jos. 2:10), luego agregó, *"...Jehová vuestro Dios es Dios arriba en los cielos y abajo en la tierra*" (Jos. 2:11). Simplemente Jericó estaba desmoralizada, todos sabían del poder de Jehová Dios, simplemente, todos creyeron y tuvieron una reacción emocional ante la verdad. Pero, solamente Rahab actuó de acuerdo con su fe al pedir misericordia, y al ponerse del lado de Dios y su pueblo, y hacer todo lo que pudo por ayudar a los espías. La fe salvadora obra, independientemente de lo que hagan los demás.

La fe activa de Rahab fue recompensada con más que la liberación, y un lugar entre el pueblo de Dios (Jos. 6:25). Dios también le hizo un lugar en el linaje de Jesús nuestro Señor (Mat. 1:5) y la incluyó entre los héroes de la fe (Heb. 11:31).

"*Porque como el cuerpo sin espíritu está muerto, así también la fe sin obras está muerta*" (Sant. 2:26).

¡Precaución, maestros!

Santiago 3:1-12 es un párrafo muy conocido sobre el control de la lengua, pero no es un tema nuevo en la epístola de Santiago. Anteriormente, Santiago nos advirtió que fuéramos lentos para hablar (1:19), y además advirtió que el no refrenar la lengua hace de nuestra religión una religión vana (1:26). Pero, también Santiago ha presentado varias ilustraciones del habla necia, al dar preferencia a ciertos visitantes en desmedro de otros (2:3), al profesar una fe que no es acompañada de obras que la perfeccionan (2:14,18,22), y al ofrecer palabras vacías de consuelo a los necesitados (2:15,16).

El versículo 1 establece el contexto, *"Hermanos míos, no os hagáis maestros muchos de vosotros, sabiendo que recibiremos un juicio más severo"* (Sant. 3:1, LBLA). Este versículo es la contraparte de Hebreos 5:12, *"debiendo ser ya maestros, después de tanto tiempo"*. Por supuesto, Santiago no quiso desalentar el desarrollo de maestros y su trabajo de predicación. Más bien quería fomentar su correcto desarrollo y eficiente trabajo indicando su gravedad.

La enseñanza de la palabra es una función vital (Ef. 1:13; 4:12-16). A los perdidos se les debe enseñar el evangelio salvador de Jesucristo, a los nuevos cristianos se les debe enseñar a vivir como discípulos de Jesús, a los cristianos en crecimiento se les debe instruir en los asuntos más sustanciosos de las sagradas Escrituras para que se edifiquen en la fe, y a los más maduros se les debe recordar todo esto. En resumen, ¡necesitamos buenos maestros!

No queremos maestros que *"no entienden lo que dicen ni las cosas acerca de las cuales hacen declaraciones categóricas"* (1 Tim. 1:7, LBLA). Los maestros de Biblia que tienen motivaciones egoístas no usan bien la palabra de verdad (2 Tim. 2:15), ¿cómo lo harían si no les importa la verdad? Esta clase de maestros causan mucho daño, *"y si el ciego guiare al ciego, ambos caerán en el hoyo"* (Mat. 15:14).

Santiago no hace más referencias directas a los maestros en este párrafo, y aunque sus comentarios sobre la lengua son de aplicación general, no debemos olvidar el estudiar esta enseñanza en su aplicación principal a los maestros.

Que recordemos la advertencia de Santiago, en la cual se agrega a sí mismo, *"recibiremos un juicio más severo"* (Sant. 3:1, LBLA). Por lo tanto, la primera lección que todo maestro debe aprender es aplicar las Escrituras a sí mismo antes de intentar enseñar a otros (cf. Esd. 7:10). A su vez, toda iglesia del Señor debe tomar en cuenta estas cosas, y no permitir que suban al púlpito maestros que no usan bien su lengua.

Un pequeño miembro que se jacta de grandes cosas

Al comienzo del célebre discurso de Santiago acerca del uso de la lengua, y más bien, del control de ella, Santiago hace dos observaciones fundamentales.

Primeramente, el control de la lengua debe ser parte de un control más amplio, *"Porque todos tropezamos de muchas maneras. Si alguno no tropieza en lo que dice, es un hombre perfecto, capaz también de refrenar todo el cuerpo"* (Sant. 3:2, LBLA). El punto de este versículo no es simplemente que la lengua es el miembro del cuerpo más difícil de controlar, aunque bien podríamos asumir eso. La lengua es simplemente un portavoz. Siendo este el caso, no podemos esperar controlar la lengua cuando hay aspectos de nuestra vida que no son lo que deberían ser.

¿Tiene problemas por palabras de ira? Trabaje en su temperamento, desarrolle la humildad, el amor, la paciencia. ¿Tiene problemas con la mentira? Dado que mentir es a menudo un encubrimiento, mantenga limpia su vida de todo lo que lo motive a mentir y desarrolle el temor de Dios. ¿Problemas con el lenguaje soez? Aléjese de las malas asociaciones y limpie su corazón, no podrá comulgar con un Dios santo si de su corazón salen tales palabras. ¿Problemas con el chisme? Aprenda a usar de franqueza y desarrolle el amor por su prójimo, deseche de su vida las murmuraciones y detracciones. ¿Problemas por no saber que decir? Deténgase a pensar en la voluntad de Dios y en el bien que logramos con ella, y hable de tales cosas, procure edificar con lo que habla.

En segundo lugar, debemos respetar el vasto potencial de la lengua, el cual es desproporcionado en relación con su tamaño. Santiago ofrece tres paralelos, "*Ahora bien, si ponemos el freno en la boca de los caballos para que nos obedezcan, dirigimos también todo su cuerpo. Mirad también las naves; aunque son tan grandes e impulsadas por fuertes vientos, son, sin embargo, dirigidas mediante un timón muy pequeño por donde la voluntad del piloto quiere. Así también la lengua es un miembro pequeño, y sin embargo, se jacta de grandes cosas. Mirad, ¡qué gran bosque se incendia con tan pequeño fuego!*" (Sant. 3:3-5, LBLA).

Pequeñas cosas y con gran efecto. Pequeñas cosas que convierten lo que sería inútil, e incluso, peligroso, en algo productivo y provechoso. Un caballo podría quitarse de la carga y patear al jinete. Un barco podría hundirse o ser llevado lejos, y resultar en una pérdida de toda la inversión. El punto es sencillo pero potente. La gestión es la clave. Los pilotos y jinetes deben usar de control para actuar, conforme a una dirección y un método, y lo más importante, deben saber cuándo detenerse. Un comportamiento tranquilo y estable funciona mejor que uno opuesto. Los maestros de Biblia necesitan el mismo conjunto de habilidades (cf. Sant. 3:1).

La lengua tiene un maravilloso potencial para el bien. Con un buen uso de la lengua podemos enseñar, alentar, inspirar, aconsejar, advertir, sanar, consolar, defender la verdad, o simplemente, alegrar el día a alguien de manera prudente. Por supuesto, la lengua tiene el mismo potencial para lo malo y causar mucho daño. Si la lengua se usa incorrectamente puede promover el error, desanimar, enfurecer, dividir, difamar, incitar al mal, etc. Cualquiera de los dos efectos es producto de un mismo miembro el cual no opera solo. Cada cual decide cómo usará su lengua.

Una cosa más. Todo lo que dice Santiago sobre el uso de la "lengua física" se aplica a nuestra "lengua electrónica", en otras palabras, a nuestras publicaciones, me gusta, tweets, etc. Simplemente, lo que comunicamos en las redes sociales nos responsabiliza delante de Dios al igual que lo que hablamos aparte de ellas.

> *"Sean gratos los dichos de mi boca y la meditación de mi corazón delante de ti, oh Jehová, roca mía, y redentor mío"* (Sal. 19:14).

Lengua indomable

Santiago dijo, y lo dijo sin irse por las ramas, *"mas la lengua no la puede ningún hombre domar: es un mal veleidoso, lleno de veneno mortal"* (Sant. 3:8, VM). ¿A qué se refiere Santiago con esto? ¿Debemos dejar de intentar controlar lo que hablamos? ¿Debemos dar rienda suelta a nuestra lengua? ¡Por supuesto que no! Santiago no está diciendo que dejemos de intentar domar nuestra lengua. Por el contrario, debemos hacer un esfuerzo diligente y perseverante por lograrlo porque si no lo hacemos nuestra lengua nos destruirá.

"De una misma boca proceden bendición y maldición. Hermanos míos, esto no debe ser así" (Sant. 3:10). En sus Notas sobre Santiago, Bill H. Reeves comenta: "Todo lo que decimos debería quedar sometido a la triple prueba: ¿Es verdad? ¿Es bondadoso? ¿Es necesario? Deberíamos pedir constantemente al Señor que ponga guarda delante de nuestros labios (Sal. 141:3), y orar que las palabras de nuestras bocas y las meditaciones de nuestros corazones puedan ser aceptables delante de Aquel que es nuestra fuerza y Redentor (Sal. 19:14). Deberíamos recordar que nuestros miembros en Romamos 12:1 incluyen la lengua".

Considere la descripción que realiza Santiago de la capacidad de la lengua indómita, es decir, indomable, fiera, bravía: *"Y la lengua es un fuego, un mundo de iniquidad. La lengua está puesta entre nuestros miembros, la cual contamina todo el cuerpo, es encendida por el infierno e inflama el curso de nuestra vida. Porque todo género de fieras y de aves, de reptiles y de animales marinos, se puede domar y ha sido domado por el género humano, pero ningún hombre puede domar la lengua; es un mal turbulento y lleno de veneno mortal"* (Sant. 3:6-8, LBLA).

Una lengua indómita es un fuego. El fuego puede ser beneficioso, pero Santiago está pensando en su fuerza destructiva. Fácilmente podemos entender la magnitud de la referencia. *"He aquí, ¡cuán grande bosque enciende un pequeño fuego!"* (Sant. 3:5). Un incendio puede destruir en minutos una casa que nos tomó años construirla o pagarla. Una lengua indomable destruye con la misma rapidez.

Una lengua indómita es un mundo de maldad. Como indica Lenski, "la encarnación de todo mal". Bill H. Reeves comenta lo siguiente, "La lengua es un mundo (la suma total) de maldad, en su esfera de actividades pecaminosas". Es sencillo de entender, la lengua indómita expresa cada pensamiento, motivo, sentimiento, intención y acción, pecaminosos. A menudo, la lengua indomable camufla estos males en términos que suenan inocentes o incluso elogiosos.

Una lengua indómita contamina todo el cuerpo. Es cáncer espiritual que se disemina por todo el ser. En palabras de Jesucristo, una lengua sin control es el portavoz de un corazón incontrolado (cf. Mat. 15:18-20). "Significativamente, el pensamiento aquí no es el del daño que la lengua hace al cuerpo de Cristo, o al mundo entero del orden social, sino el efecto manchador y contaminante sobre el poseedor incontrolado de la lengua" (J. B. Coffman).

Una lengua indómita inflama la rueda de la creación. Esta expresión hace referencia a la totalidad de nuestra existencia, ya sea pensada cronológicamente, ya sea considerada en todos los aspectos de la vida y su interacción con los demás. "Parece que Santiago se refiere a la influencia de la lengua en todo el curso o período de la existencia del hombre" (Bill. H. Reeves).

Una lengua indómita es inflamada por el infierno. El infierno es el lugar del castigo eterno, que la Biblia típicamente describe como un lugar de fuego. Santiago indica que las mismas llamas del infierno enciende el fuego de la lengua. "La fuente del mal uso de la lengua es el mismo lugar de tormento eterno, como los demonios son la fuente del error (1 Timoteo 4:1)" (B. H. Reeves). Es posible que Santiago esté usando el infierno como metonimia para Satanás, señalando, por lo tanto, el destino preparado para él (Mat. 25:41) y los hijos de él (Jn. 8:44).

Una lengua indómita es un mal que no puede ser refrenado. La inquietud de la lengua indomable es caracterizada claramente como un animal feroz que no puede ser sometido, está siempre ansiosa por actuar conforme a su naturaleza, "Es como una bestia enjaulada, incluso en las mejores circunstancias, siempre buscando una oportunidad para salir y prender fuego al mundo entero" (J. B. Coffman).

Una lengua indómita está llena de veneno mortal. "sospechamos que Santiago tiene en mente a la agitada serpiente, llena de un veneno terriblemente mortífero. Una gota o dos serían letales. Así la lengua puede envenenar mentes y asesinar caracteres" (W. MacDonald). Piense en lo siguiente: ¿Soltaría usted una serpiente cascabel en el edificio de reuniones de la iglesia? Seguramente, la consecuencia sería mayor a la que ocurre cuando un perro o un gato ha ingresado a nuestra clase bíblica. Sabemos del peligro de una serpiente entre nosotros, no querríamos dejarla actuar. El punto de Santiago en sencillo, pero potente, una lengua indomable es peligro letal.

Un hombre de doble lengua

Refiriéndose al mal uso de la lengua por parte del *"hombre de doble ánimo"* (Sant. 1:8; 4:8), Santiago escribió, *"Con ella bendecimos al Dios y Padre, y con ella maldecimos a los hombres, que están hechos a la semejanza de Dios. De una misma boca proceden bendición y maldición. Hermanos míos, esto no debe ser así"* (Sant. 3:9,10). En otras palabras, el hombre de doble ánimo es un hombre de doble lengua, el típico hombre de dos caras.

El hombre de doble lengua es aquel que dice a su esposa que la ama, y luego la trata ruda y toscamente. Este es el hombre que alaba al predicador por sus lecciones, y a espaldas de él se queja de los temas y aplicaciones. Este es el hombre que canta y ora maravillas, y al finalizar las reuniones de la iglesia maldice y murmura de su prójimo. Este es el hombre que afirma tener fe en Dios, pero se queja constantemente de las tribulaciones que le sobrevienen. En fin, he aquí el hombre que dice que está dispuesto a ayudar, pero siempre dice que no a toda solicitud específica.

En palabras de A. T. Robertson, expresando el problema en términos históricos, "hacemos de nuestra lengua una especie de combinación entre los montes Ebal y Gerizim".

Como hemos indicado anteriormente, el problema no es la lengua en sí, sino el corazón (cf. Mat. 12:34; 15:18). Este es el problema del hombre de doble ánimo (Sant. 4:8). El corazón es la fuente de nuestra comunicación. Santiago lo señala de la siguiente manera, *"¿Acaso alguna fuente echa por una misma abertura agua dulce y amarga? Hermanos míos, ¿puede acaso la higuera producir aceitunas, o la vid higos? Así también ninguna fuente puede dar agua salada y dulce"* (Sant. 3:11,12).

El hombre de doble lengua expresa un conflicto en su corazón. Ahí es donde debe comenzar la limpieza. El Señor Jesús observó lo siguiente, "*El hombre bueno, del buen tesoro de su corazón saca lo bueno; y el hombre malo, del mal tesoro de su corazón saca lo malo; porque de la abundancia del corazón habla la boca*" (Luc. 6:45).

¿Quién es sabio y entendido?

Santiago preguntó, *"¿Quién es sabio y entendido entre vosotros?"* (Sant. 3:13). Antes de responder, detengámonos a pensar un momento. ¿Sobre qué base responderíamos la pregunta de Santiago?

A menudo relacionamos la sabiduría con la cantidad de información que alguno tiene, con lo que sabe, es decir con su conocimiento. En consideración de esto último, es muy posible que alguno simplemente respondiera a Santiago con una afirmación que no toma en cuenta sus propias acciones, sino la información que domina. Para nuestra sorpresa, Santiago indica que la sabiduría se demuestra en nuestro comportamiento, en nuestra aplicación del conocimiento (Sant. 3:13-17).

Santiago dijo, *"Muestre por la buena conducta sus obras en sabia mansedumbre"* (Sant. 3:13). En esta sección de su epístola, es posible que Santiago aún tenga en mente a los maestros (cf. Sant. 3:1). Obviamente, sus comentarios son apropiados para todos nosotros.

La sabiduría es exhibida en el buen comportamiento, en las obras que realiza con mansedumbre. Simplemente, cualquiera que actúe con un corazón lleno de celos y ambición egoísta no es sabio, a pesar del conocimiento que tenga o las afirmaciones que realice. Estas acciones hacen que la pretensión de sabiduría sea una mentira. Puede que alguno sea "sabio" para el mundo, pero no sea sabio según Dios.

Santiago contrasta dos tipos de sabiduría. Un tipo de sabiduría es mundanal, tanto en su perspectiva como en su fuente, porque es terrenal y sensual, es decir, natural, haciendo que los sentimientos y el razonamiento humanos sean supremos. Esta sabiduría es demoníaca. La otra sabiduría es celestial, desciende de lo alto (cf. Sant. 1:5).

La sabiduría terrenal es celosa y ambiciosa, y a menudo arrogante. Esta es la sabiduría que nos predica, "Promuévete a ti mismo y a tus ideas". Al hacerlo, a la sabiduría terrenal no le importa alguna otra cosa.

La sabiduría celestial opera de manera diferente, muy diferente. Esta sabiduría divina es primeramente pura, es decir, siempre procura la pureza de vida. Es pacífica, no hasta el punto de comprometer la verdad, pero opera pacíficamente tanto como sea posible. Es razonable, incluso, tierna. Esta llena de misericordia y de buenos frutos, es decir, no solo habla de hacer el bien, sino que realmente lo hace. Es inquebrantable, en otras palabras, estable, en contraste con el pensamiento mundano en constante mutación y, por lo tanto, coherente en aplicación, es decir, imparcial. Esta sabiduría es sin hipocresía.

Nadie se sorprende de que estos dos tipos de sabiduría produzcan efectos diferentes. La sabiduría terrenal resulta en desorden y malas acciones. Un ejemplo son las reuniones de los corintios, donde los hermanos exhibían sus dones, pero todo era un desorden (cf. 1 Cor. 14:40). La sabiduría celestial, por el contrario, resulta en paz, "*Y el fruto de justicia se siembra en paz para aquellos que hacen la paz*" (Sant. 3:18).

Ahora sí,
es buen momento para responder la pregunta de Santiago.

El corazón del problema

Santiago 4 comienza con un lenguaje sorprendente. Al escribir a los cristianos, Santiago usa términos que no esperaríamos: guerra, pleito, combate, matar, combatir, luchar. Fácilmente alguno podría preguntar: ¿Cómo son posibles semejantes acciones en la interacción de los cristianos?

El discurso anterior de Santiago sentó las bases para esto. Santiago había notado que entre los hermanos se distinguían dos tipos de sabiduría: La sabiduría celestial, que produce paz; y la sabiduría terrenal, que se caracteriza por los celos y la ambición egoísta, y que resulta en mucho mal (Sant. 3:16).

Los comentarios a menudo descartan una aplicación literal, o física, del lenguaje de Santiago, asumiendo que los cristianos seguramente no estarían tan fuera de control. En consideración de la época turbulenta del primer siglo, un tiempo de violencia y agresividad (cf. Mar. 13:7,8; 15:7; Hech. 21:38), no es difícil concluir que los cristianos inmaduros a quienes Santiago quería corregir se justificaran al pensar que su conducta no era tan mala en consideración del estándar social.

Básicamente, las guerras entre cristianos no difieren de las guerras entre las naciones. Santiago indica el real problema al fondo de la dificultad general, el corazón. "*¿De dónde vienen las guerras y los conflictos entre vosotros? ¿No vienen de vuestras pasiones que combaten en vuestros miembros? Codiciáis y no tenéis, por eso cometéis homicidio. Sois envidiosos y no podéis obtener, por eso combatís y hacéis guerra...*" (Sant. 4:1,2. LBLA).

Según Santiago los conflictos internos, e irresueltos, de nuestro propio corazón son la causa de los conflictos con nuestro prójimo. El apóstol Pablo indicó este punto de la siguiente manera, "*Porque el deseo de la carne es contra el Espíritu, y el del Espíritu es contra la carne, pues éstos se oponen el uno al otro, de manera que no podéis hacer lo que deseáis*" (Gal. 5:17, LBLA). El apóstol Pedro señaló lo mismo de la siguiente manera, "*Amados, os ruego como a extranjeros y peregrinos, que os abstengáis de las pasiones carnales que combaten contra el alma*" (1 Ped. 2:11, LBLA).

Sin rodeos, Santiago dice que el problema ocurre cuando no conseguimos lo que queremos, señalando a su vez que lo que deseamos fue dictado por nuestro propio egoísmo. La experiencia confirma el análisis de Santiago. La mayoría de los conflictos entre hermanos han ocurrido por aquellos que insistían en salirse con la suya. Es una horrible realidad, nada agradable. El autoexamen es necesario, es urgente.

Jesucristo, nuestro Señor, advirtió que la ira y la amargura contra otro son equivalentes a un homicidio (Mat. 5:21,22). Simplemente, si tales emociones no se controlan fácilmente conducirán al asesinato literal. El apóstol Juan dijo, "*Todo el que aborrece a su hermano es homicida, y vosotros sabéis que ningún homicida tiene vida eterna permanente en él*" (1 Jn. 3:15).

Problemas con la oración

Santiago nos anima a orar. Al principio de su epístola afirma la voluntad de Dios de dispensar de su gracia cuando le pedimos (1:5), y al final de su epístola nos recuerda nuevamente sobre la eficacia de la oración (5:15). Al principio del capítulo cuatro, sin embargo, Santiago señala dos cosas que comúnmente salen mal.

Primeramente, *"no tenéis lo que deseáis, porque no pedís"* (Sant. 4:2). Algunos, simplemente, no estaban interesados en orar. Algunos pueden pensar que están demasiado ocupados para hacerlo. Otros, son autosuficientes, confiando en sus propios planes y esfuerzos (Sant. 4:13-17). Incluso, hay quienes reservan la oración solamente para emergencias. Sólo Dios sabe cuántas bendiciones quedaron en el almacén de las bendiciones *"porque no pedís"*.

En segundo lugar, *"Pedís, y no recibís, porque pedís mal, para gastar en vuestros deleites"* (Sant. 4:3). La oración nunca no ha sido diseñada para ser una lista de "quiero esto, y esto otro también", es decir, "dame lo que quiero, ahora mismo, y de la manera que quiero". El epicentro de toda oración justa debe ser la actitud del Salvador cuando enfrentó la cruz, "pero no se haga mi voluntad, sino la tuya" (Luc. 22:42).

Santiago dijo, *"Pedís y no recibís porque pedís mal, con la intención de malgastarlo en vuestros deseos de placeres"* (4:3, JER). El verbo "gastar" (RV1960) o "malgastar" (JER), es el mismo usado por Jesús para referirse al despilfarro del hijo pródigo (Luc. 15:14). En fin, usar las cosas que Dios nos da para satisfacer el hedonismo siempre será un desperdicio.

La oración es una actividad espiritual. Debe surgir de corazones enfocados en la gloria y soberanía de Dios, no en uno mismo. Recordemos dos cosas que Jesucristo dijo en el sermón del monte, *"Pedid, y se os dará; buscad, y hallaréis; llamad, y se os abrirá"* (Mat. 7:7), *"Mas buscad primeramente el reino de Dios y su justicia, y todas estas cosas os serán añadidas"* (Mat. 6:33).

"Y esta es la confianza que tenemos en él, que si pedimos alguna cosa conforme a su voluntad, él nos oye" (1 Jn. 5:14).

Adulterio

"¡Oh almas adúlteras! ¿No sabéis que la amistad del mundo es enemistad contra Dios? Cualquiera, pues, que quiera ser amigo del mundo, se constituye enemigo de Dios" (Sant. 4:4).

A lo largo de su epístola, Santiago se ha dirigido a sus lectores como *"hermanos míos"* (1:2; 2:1,14; 3:1,10,12). Incluso, Santiago les llamó *"amados hermanos"* (1:16,19; 2:5). Sin embargo, nos asombra cuando leemos que Santiago les dijo *"almas adúlteras"*. De seguro quedaron asombrados los primeros lectores cuando leyeron esta línea. Santiago quería despertarlos a su estado espiritual, y la manera en que lo hizo es maravillosa.

Es probable que Santiago usara el concepto de "adulterio" tal como lo hacían con frecuencia los profetas del Antiguo Testamento. El pueblo de Dios ha ingresado a una relación tan íntima con el Señor, que la Biblia a menudo la describe como un matrimonio. Por consiguiente, si somos infieles al Señor, somos adúlteros (cf. Jer. 31:32; Os. 3:20).

Los profetas usaron la figura de "adulterio" para exponer la idolatría. Los lectores de Santiago no adoraban alguna imagen o estatua. Sin embargo, su conducta mundana, por ejemplo, favoreciendo a los ricos (2:1-13), usando mal su lengua (3:1-12), o combatiendo y luchando los unos contra los otros (4:1,2), los exponía en una relación impropia con el dios de este mundo, en lugar de estar unidos en una relación íntima y fiel con el Señor. Recuerde la advertencia de Santiago en 1:26, la religión que no produce una conducta piadosa no tiene valor para con Dios.

El adulterio literal, por supuesto, es parte de este cuadro que ha pintado Santiago. El adulterio ni siquiera debería nombrarse entre el pueblo de Dios (Ef. 5:3). Lamentablemente, y con frecuencia, lo es. El pecado sexual siempre ha sido una tentación común, y en nuestra sociedad que aparentemente quiere eliminar todas las restricciones, estamos rodeados por el mal uso y el abuso del sexo.

La enseñanza de Jesucristo es clara. Jesús dijo, "*Y yo os digo que cualquiera que repudia a su mujer, salvo por causa de fornicación, y se casa con otra, adultera; y el que se casa con la repudiada, adultera*" (Mat. 19:9). Siendo este el caso, no es inusual encontrar hombre y mujeres que viven en adulterio, pero que a la vez se identifican como cristianos.

Santiago indicó que el adulterio espiritual es la "amistad" (gr. "filía") para con el mundo. Este amor amistoso está basado en los mutuos intereses, es decir, en las cosas comunes y afines. Por lo tanto, la afinidad con el mundo es enemistad contra Dios.

Santiago nos hace pensar en nuestra actitud y conducta. Dicho de otra manera, el cristiano tiene que decidirse y actuar, y la verdadera elección se refleja en la conducta diaria. De hecho, todos los días nos conducimos conforme a nuestra elección.

Ningún marido piadoso estará dispuesto a compartir los afectos de su esposa con otros, y Dios no es la excepción. Su pueblo debe ser completamente suyo.

Mayor gracia de Dios

"Pero él da mayor gracia. Por esto dice: Dios resiste a los soberbios, y da gracia a los humildes" (Sant. 4:6).

Los lectores de Santiago estaban empapados de egoísmo. Buscaban satisfacción en las cosas y la conducta mundanas que se conforma a ellas, pero solo encontraron frustración (Sant. 4:1-4). En el proceso, se habían convertido en enemigos de Dios. Simplemente, Dios es celoso de su pueblo y no compartirá sus afectos con nadie (Sant. 4:4,5). Sin embargo, la verdadera bendición estaba disponible, pero tenían que buscar las cosas correctas en el lugar correcto, y esta búsqueda comenzaría con una actitud correcta.

Dios concede una gracia mayor, más amplia, más grande. El sustantivo "gracia" es "favor". Puede referirse a una disposición favorable de la que procede el acto bondadoso o a los obsequios que son el resultado de esa disposición favorable. Pablo usó el sustantivo gracia a menudo indicar la salvación, el perdón de los pecados (Rom. 3:24; 6:1; Ef. 2:8; Tito 2:11, etc.). Santiago usa la palabra "gracia" para indicar las bendiciones generales de la comunión con Dios.

Debemos recordar que todo lo que Dios nos da es infinitamente más grande que lo que ofrece el mundo. Los dones del mundo no duran ("el mundo pasa, y sus deseos", 1 Jn. 2:17; cf. Ecles. 1:2). La conducta mundana siempre nos dejará frustrados y vacíos, es decir, nos dejará peor, nunca mejor; y los tesoros mundanos se estropean o se pierden fácilmente (Mat. 6:19), y si logramos preservarlos, solo tienen un beneficio limitado. Dios, en cambio, es el dador de "*Toda buena dádiva y todo don perfecto*" (Sant. 1:17). Dios es un Padre amoroso y cariñoso, que no duda en darnos lo que es mejor y superior. Por ejemplo, uno de sus dones más enriquecedores es su instrucción de gracia (Tito 2:10,11) para preservar *"el camino de sus santos"* (Prov. 2:8).

Dios concede su gracia a los humildes. Aunque en un sentido amplio Dios bendice a todos (Mat. 5:45), Santiago nos recuerda que la mayor gracia de Dios es para los humildes (cf. Prov. 3:34). Sencillamente, Dios no puede colmar a los orgullosos, porque ellos ya están llenos del mundo, y Dios se opone a esa clase de personas. Como Jesucristo dijo, *"Bienaventurados los pobres en espíritu, porque de ellos es el reino de los cielos"* (Mat. 5:3).

La humildad es esencial para recibir la gracia de Dios, y esto en tres aspectos. Primeramente, debemos ser lo suficientemente humildes para admitir esta necesidad. Los autosuficientes no lo harán jamás (cf. Apoc. 3:17). En segundo lugar, debemos ser lo suficientemente humildes para buscar y esperar las bendiciones de Dios. Los autosuficientes no lo harán jamás, porque están lo suficientemente ocupados abriéndose camino. En tercer lugar, debemos ser lo suficientemente humildes para aceptar la medida de Dios. Los autosuficientes son egocéntricos, y al preferir su propia sabiduría, no se contentarán con lo que Dios dice y provee, por lo tanto, idearán medios y métodos para conseguir sus propias metas (cf. Sant. 4:1-4).

Cómo arrepentirse

Habiendo señalado que Dios se opone a los orgullosos, pero da gracia a los humildes (Sant. 4:6), Santiago hace un llamado directo al arrepentimiento. Ahora bien, el hecho de que sus lectores originales, que eran cristianos, todavía necesitaban hacer cambios en sus vidas, nos recuerda que el arrepentimiento no es un evento de una sola vez. El arrepentimiento será necesario cada vez que se requiera y siempre será urgente. Santiago indicó a los pecadores en su auditorio las cosas necesarias para que alcanzaran la gracia de Dios.

- ***"Someteos, pues, a Dios"*** **(Sant. 4:7).** La sumisión es entregar la voluntad de uno a Dios, sin quejarse, sin discutir, sin dudar. Como aprendimos de Jesucristo, *"Venga tu reino. Hágase tu voluntad, como en el cielo, así también en la tierra"* (Mat. 6:10; cf. Jn. 4:34; 5:30; 6:38; 8:29).
- ***"resistid al diablo, y huirá de vosotros"*** **(4:7).** En lugar de resistir la voluntad de Dios, debemos resistir al diablo. Podemos y debemos hacerlo, *"Por tanto, tomad toda la armadura de Dios, para que podáis resistir en el día malo, y habiendo acabado todo, estar firmes"* (Ef. 6:13). Al resistir a este matón espiritual, él huirá como un cobarde.
- ***"Acercaos a Dios, y él se acercará a vosotros"*** **(4:8).** La imagen es elocuente. El diablo huye, y Dios se acerca mientras los arrepentidos se acercan a él. La idea de acercarse a Dios a menudo se refiere a "acercarse a Dios en adoración", pero aquí es más inclusiva. En lugar de ser amigos del mundo (Sant. 4:4) debemos buscar la afinidad con Dios, dejando que él llene nuestros corazones.
- ***"Pecadores, limpiad las manos"*** **(4:8).** Nuestras manos son los instrumentos a través de los cuales actuamos. Por lo

tanto, Santiago llama a una reformación total de la conducta, lo cual continúa especificando:

- ***"vosotros los de doble ánimo, purificad vuestros corazones"* (4:8).** Cualquier reformación real comienza en el corazón. Todo cambio que no involucre primeramente el corazón será insuficiente y de corto alcance. Recordemos, el hombre de manos limpias y corazón puro tendrá comunión con Dios (Sal. 24:3,4). Santiago señala correctamente que el problema suele ser la doble ambición (cf. Sant. 1:8), tratando de hacer la voluntad de Dios y salirse con la suya. Simplemente, nadie puede servir a dos señores al mismo tiempo (cf. Mat. 6:24).
- ***"Afligíos, y lamentad, y llorad"* (4:9).** Algunas personas creen que el arrepentimiento es la tristeza, sobre todo si hay lágrimas. Sin embargo, el arrepentimiento no es la tristeza, pero está conectado con ella. El arrepentimiento es un cambio producido por la tristeza según Dios (2 Cor. 7:10), es la consecuencia de la tristeza de haber pecado contra Dios. Santiago llama a un dolor genuino y profundo por el pecado, usando términos que normalmente están asociados con el luto. El punto es que el pecado es grave, y no debe ser tomado a la ligera. Los que excusan su pecado, o lo encubren, no se han arrepentido. Los que postergan la obediencia al evangelio (Hech. 17:32) no se han arrepentido.
- ***"Vuestra risa se convierta en lloro, y vuestro gozo en tristeza"* (4:9).** Santiago no está diciendo que los cristianos no puedan gozarse en el Señor (Fil. 4:4) y en las cosas que él da *"en abundancia para que las disfrutemos"* (cf. 1 Tim. 6:17; cf. 1 Tim. 4:3-5; Hech. 14:17). El punto de Santiago es despertar a los pecadores a la reacción que debieran manifestar al entender la gravedad de su condición en pecado. El pecado no es motivo de risa, no debe ser minimizado alegremente, ni abrazado con cariño.
- ***"Humillaos delante del Señor, y él os exaltará"* (4:10).** El primer mandamiento, *"Someteos, pues, a Dios"*, y éste último *"Humillaos delante del Señor"*, son las columnas que

soportan toda la instrucción de Santiago. La clave es someternos y humillarnos bajo la voluntad de Dios. Por lo tanto, no nos exaltemos, dejemos que Dios lo haga, de la manera correcta y en momento oportuno. Recordemos que Dios se opone a los orgullosos, pero da gracia a los humildes (Sant. 4:6).

Dejando el juicio en manos de Dios

"Hermanos, no murmuréis los unos de los otros. El que murmura del hermano y juzga a su hermano, murmura de la ley y juzga a la ley; pero si tú juzgas a la ley, no eres hacedor de la ley, sino juez. Uno solo es el dador de la ley, que puede salvar y perder; pero tú, ¿quién eres para que juzgues a otro?" (Sant. 4:11,12).

Entre el auditorio a quien Santiago escribió había quienes debían desistir de hablar mal de sus hermanos. El verbo castellano "murmurar" no es suficientemente fuerte. El verbo griego es "katalaleo", el cual indica la maledicencia, la difamación, la detracción. Santiago condena el hablar contra otros, difamándolos. En fin, eran culpables de la crítica destructiva, la cual condenó el Señor en el sermón del monte (Mat. 7:1; cf. 19:18).

Hablar contra alguien es atropellar su imagen, criticándolo indebidamente, menospreciándolo, desacreditándolo. Esto podría lograrse inventando fallas en nuestro prójimo, exagerando las que tiene, o llamando la atención constantemente sobre sus errores. En semejante caso, es muy difícil que el detractor diga algo bueno de su víctima, aunque esta tenga buenas cualidades.

Señalar el error de alguno para que se arrepienta y se corrija no se considera aquí. Santiago lo ha estado haciendo a lo largo de su epístola. No obstante, recordemos que la crítica constructiva es para otro (cf. Gal. 6:1) no contra otro. El Nuevo Testamento recomienda que cuando sea necesario señalar el error, lo hagamos con cuidado (cf. 1 Tes. 5:21,22; Jud. 1:22,23), porque la crítica puede fácilmente deteriorarse en una pecaminosa forma de amarga detracción.

Para convencer a los hermanos del peligro en el que estaban, Santiago enfocó dos cosas que ellos parecían estar ignorando. Las mismas cosas que hoy en día deben desalentar el juicio detractor.

En primer lugar, el difamador habla contra la ley y la juzga. El corazón de la ley de Dios es amar a Dios con todo el corazón y amar al prójimo como a uno mismo (cf. Mar. 12:30-31; Rom. 13:8-10). El que habla mal de su prójimo seguramente no lo está haciendo motivado por el amor. Sencillamente, no está tratando a su prójimo como a él le gustaría que lo trataran (cf. Mat. 7:12). Por lo tanto, con sus acciones está indicando que para él no vale la pena cumplir con este requisito, o que para él no es aplicable. Ciertamente, esto ocurre cada vez que dejamos alguna de las leyes de Dios. Sin embargo, Santiago nos recuerda que nuestro lugar en el universo es cumplir la ley de Cristo, no ser un juez sobre ella, o pretender que ella no se nos aplica. En fin, ninguno está sobre la ley de Dios.

En segundo lugar, Santiago recuerda que hay un solo legislador y juez. El Señor sabe exactamente lo que la ley exige y cómo se aplica. El Señor también tiene el poder de hacer cumplir la ley, incluyendo las consecuencias eternas (cf. Gal. 6:7). Nosotros no tenemos tales credenciales, por lo tanto, debemos contentarnos con ser hacedores y no jueces.

Debemos abandonar la práctica común de buscar errores en los demás. Esto no solo daña a nuestro prójimo, también nos daña a nosotros. Vivir criticando arruina nuestra influencia. Tarde o temprano se hace notoria la tendencia difamadora. Además, el crítico destructivo vive triste y amargado, no hay persona más miserable que él.

Como Pablo dijo por el Espíritu, "*No salga de vuestra boca ninguna palabra mala, sino sólo la que sea buena para edificación, según la necesidad del momento, para que imparta gracia a los que escuchan*" (Ef. 4:29, LBLA).

Problemas de la planificación

Planificar es simplemente pensar en el futuro y organizar un plan de acción, y eso no tiene nada de malo. La Biblia elogia la planificación, *"Los proyectos del diligente ciertamente son ventaja, mas todo el que se apresura, ciertamente llega a la pobreza"* (Prov. 21:5, LBLA). Dios no improvisa (cf. Is. 55:9; Jn. 17:4; Ef. 3:11), Dios es el perfecto ejemplo para todos nosotros. Haríamos bien en pensar en el futuro, en la orientación de nuestros pasos, y en las consecuencias de nuestro proceder actual (cf. Gal. 6:7). Una visión a largo plazo de nuestra educación, trabajo, finanzas, relaciones, conducta, etc., es algo provechoso (cf. Prov. 15:22; Luc. 14:28).

Sin embargo, Santiago se preocupó cuando observó los planes de algunos en su día, y advirtió con las siguientes palabras, *"Oíd ahora, los que decís: Hoy o mañana iremos a tal o cual ciudad y pasaremos allá un año, haremos negocio y tendremos ganancia. Sin embargo, no sabéis cómo será vuestra vida mañana. Sólo sois un vapor que aparece por un poco de tiempo y luego se desvanece. Más bien, debierais decir: Si el Señor quiere, viviremos y haremos esto o aquello. Pero ahora os jactáis en vuestra arrogancia; toda jactancia semejante es mala. A aquel, pues, que sabe hacer lo bueno y no lo hace, le es pecado"* (Sant. 4:13-17).

Planificación sin Dios. Planificaban el tiempo, el lugar, las actividades, e incluso, el resultado. Lo que no incluyeron, fue lo más importante, a Dios y su voluntad. La participación de Dios no estaba incluida en ninguna parte de sus proyectos. Dios no era bienvenido en su futuro.

La planificación adecuada se centra en la voluntad de Dios, porque no importa lo que logremos si fallamos en servir a Dios (cf.

Prov. 16:3,9; 19:21; Mat. 6:10). Dicho de otro modo, nuestra vida será un fracaso miserable si no hicimos la voluntad del Señor, *"Pues ¿qué provecho obtendrá un hombre si gana el mundo entero, pero pierde su alma? O ¿qué dará un hombre a cambio de su alma?"* (Mat. 16:26, LBLA).

La planificación piadosa reconoce la necesaria bendición de Dios en cada esfuerzo, en cada plan o proyecto. La vida es incierta, y no sabemos lo que traerá el día, *"No te jactes del día de mañana, porque no sabes qué traerá el día"* (Prov. 27:1, LBLA). Nuestra actitud ha de ser una de total dependencia de Dios, *"Si el Señor quiere, viviremos y haremos"*.

Planificación jactanciosa. Cuando hemos quitado a Dios del proyecto, la planificación nuestra se está basando únicamente en nuestra sabiduría y esfuerzos, lo cual es arrogancia. El lenguaje de Santiago es duro, *"Pero ahora os jactáis en vuestra fanfarronería. Toda jactancia de este tipo es mala"* (Sant. 4:16, JER).

El orgullo en sí mismo es pecaminoso y genera numerosos problemas. El orgullo nos dificulta aceptar instrucciones, consejos y advertencias. El orgullo nos hace descuidar los peligros potenciales (1 Cor. 10:12). El orgullo nos dificulta admitir que estamos equivocados, y nos impide humillarnos ante Dios para someternos a su voluntad.

Planificación pecaminosa. La última oración de este párrafo ciertamente se aplica a la planificación adecuada, *"y al que sabe hacer lo bueno, y no lo hace, le es pecado"* (Sant. 4:17). Si sabemos que debemos incluir a Dios en el proyecto, pero no lo hacemos, estamos pecando.

Cada vez que nuestros planes o actividades no incluyen aquellas cosas que sabemos que Dios quiere que hagamos, pecamos al omitirlas. Es decir, tanto nuestros planes como la ejecución de ellos, deben estar impregnados de la voluntad de Dios.

"Hazme oír por la mañana tu misericordia, porque en ti he confiado; hazme saber el camino por donde ande, porque a ti he elevado mi alma" (Sal. 143:8).

"Y todo lo que hacéis, sea de palabra o de hecho, hacedlo todo en el nombre del Señor Jesús, dando gracias a Dios Padre por medio de él" (Col. 3:17).

Riquezas y miseria

Santiago escribió, *"Ahora bien, vosotros, ricos, llorad y dad alaridos por las desgracias que están para caer sobre vosotros"* (Sant. 5:1, JER).

No solemos pensar en los ricos como si fueran personas miserables. No obstante, la mayoría de los ricos son menos felices de lo que uno podría pensar. Sin embargo, este no es el punto de Santiago aquí. Específicamente, Santiago indica una miseria futura para los ricos por la ruina presente de sus posesiones. Ciertamente, el lenguaje de Santiago sugiere cuatro problemas específicos que de ninguna manera se limitan a los ricos. Estos problemas pueden afectarnos a todos nosotros. Por lo tanto, nuevamente la enseñanza de Santiago es práctica.

El acaparamiento. *"Vuestras riquezas están podridas, y vuestras ropas están comidas de polilla. Vuestro oro y plata están enmohecidos; y su moho testificará contra vosotros, y devorará del todo vuestras carnes como fuego. Habéis acumulado tesoros para los días postreros"* (Sant. 5:2,3).

Las polillas y el óxido atacan más fácilmente las cosas almacenadas que las cosas de uso cotidiano. El dinero, y lo que él compra, debe usarse, no simplemente acumularse. Vemos aquí un escrito pertinente que señala un problema común. Si no determinamos el límite, ¿cuánto más queremos tener hasta decir "con esto basta"?

El engaño. *"He aquí, clama el jornal de los obreros que han cosechado vuestras tierras, el cual por engaño no les ha sido pagado por* *vosotros; y los clamores de los que habían segado han entrado en los oídos del Señor de los ejércitos"* (Sant. 5:4).

La avaricia impulsa mucha injusticia social. La injusticia en los tratos comerciales es uno de los vicios más comunes que jamás encontraremos. Obviamente, este problema no se soluciona con una reforma social o un cambio en la constitución. Puede regularse con leyes, pero el avaro siempre busca formas para eludir y engañar, y eventualmente encuentra nuevas.

Santiago señaló a quienes no pagarían a sus trabajadores, algo que la ley de Moisés (cf. Deut. 24:14,15) y la ley de Cristo indican como necesario (Mat. 20:2,8; Rom. 13:8-10; Col. 4:1; 1 Tim. 6:18). Sencillamente, no pagar un precio justo por los bienes y no pagar las facturas (ej., los préstamos y tarjetas de crédito) son prácticas afines. No obstante, no importa cuán poderoso, o astuto, o tramposo, sea alguno, simplemente no es rival contra el *"Señor de los ejércitos"*.

El lujo. *"Habéis vivido en deleites sobre la tierra, y sido disolutos; habéis engordado vuestros corazones como en día de matanza"* (Sant. 5:5). Los términos que utiliza Santiago apuntan al lujo y la falta de moderación. La Biblia de las Américas traduce, *"Habéis vivido lujosamente sobre la tierra, y habéis llevado una vida de placer desenfrenado"*. He aquí la actitud que Santiago reprende severamente.

Deténgase un momento conmigo y mire su billetera. Podemos hacer una aplicación aquí. ¿A dónde fue a parar su dinero? Sí, me refiero al dinero que Dios le permitió obtener por el trabajo duro (cf. Ef. 4:28; 1 Tes. 4:11,12; 2 Tes. 3:12). ¿Ha malgastado su dinero comprando los dispositivos electrónicos de moda, la mejor ropa, la mejor diversión? Para nuestro asombro, Santiago compara el gasto egoísta y desenfrenado con engordar a un animal para el matadero.

El abuso. *"Habéis condenado y dado muerte al justo, y él no os hace resistencia"* (Sant. 5:6).

Santiago condena el abuso de aquellos que tienen el poder para hacer a un lado a quienes se interponen en su camino, y alcanzar sus metas egoístas mediante el abuso de los impotentes (cf. 1 Rey. 21:1-16). Seguramente el lector podría argumentar que no tiene ni el dinero ni el poder para avasallar de semejante forma a otros; sin embargo, el abuso de otros para lograr metas egoístas es tan común que lo podemos encontrar en el barrio, en la familia, e incluso, en la iglesia local.

Sé paciente

La paciencia es crucial, tanto así que Santiago comienza su libro enfatizando su importancia, y cerca del final vuelve a enfocarla, *"Por tanto, hermanos, tened paciencia hasta la venida del Señor"* (Sant. 5:7).

Santiago usa dos palabras diferentes para referirse a la paciencia. Una palabra enfatiza el aguante bajo una carga pesada y dolorosa, la segunda apunta a mantener la compostura. Las traducciones modernas usan resistencia o constancia, o algún equivalente, para la primera palabra, y paciencia para la segunda. Sin embargo, ya sea que estemos entre la espada y la pared, respecto a rendirnos o estallar, necesitamos paciencia. Gracias a Dios, el argumento de Santiago revela algunas cosas específicas que podemos hacer para desarrollar la paciencia.

En primer lugar, debemos recordar que algunas cosas simplemente toman tiempo, y no podemos tenerlas ahora mismo a pesar de nuestra impaciencia, *"Por tanto, hermanos, tened paciencia hasta la venida del Señor. Mirad cómo el labrador espera el precioso fruto de la tierra, aguardando con paciencia hasta que reciba la lluvia temprana y la tardía. Tened también vosotros paciencia, y afirmad vuestros corazones; porque la venida del Señor se acerca"* (Sant. 5:7,8).

Vivimos en una sociedad que no valora la paciencia, que desea todo rápido, si es posible, instantáneo. En pocas palabras, queremos todo aquí y ahora. No obstante, el universo no puede subordinarse a nuestra impaciencia.

Por ejemplo, al predicar el evangelio nos encontraremos con toda clase de personas. No todo oyente será un eunuco etíope o un carcelero de Filipos. Muchos no comprenden de inmediato, o no quieren comprender. Otros entienden, pero no obedecen. Por tanto, los predicadores y maestros de la palabra deben ser pacientes (cf. 2 Tim. 2:24-26) al predicar a tiempo y a destiempo (2 Tim. 4:2).

Al esforzarnos por crecer espiritualmente nos encontraremos con toda suerte de obstáculos. Así como las tasas de desarrollo varían entre los niños, y el proceso siempre es gradual y continuo, así también nuestro crecimiento espiritual requerirá esfuerzo paciente (cf. 1 Ped. 2:2; 2 Ped. 3:18; Heb. 5:12-14; Fil. 3:15,16).

En el contexto, Santiago está tratando la necesaria rectificación de errores. Esta es un área crítica de nuestra vida cristiana. Simplemente, debemos arrepentirnos y dar frutos dignos de arrepentimiento siempre que sea necesario.

En segundo lugar, debemos dejar que el Señor haga su obra, y esperar en él, "*Tened también vosotros paciencia, y afirmad vuestros corazones; porque la venida del Señor se acerca*" (Sant. 5:8). No sabemos cuándo ha de venir nuestro Señor, pero debemos vivir como si estuviera cerca, muy cerca, ya que podría llegar en cualquier momento. El punto de Santiago es sencillo, pero elocuente, "*fortaleced vuestros corazones*" (JER).

Piense en todas las aplicaciones que podríamos hacer respecto a la paciencia. Permítame indicar tres.

Debemos dejar que el poder del evangelio obre en los corazones de los oyentes, resistiendo la tentación de forzar con impaciencia un proceso que necesariamente tomará algún tiempo. Una manera impaciente de predicar sería el diluir los requisitos que el Señor ha impuesto o mezclar el evangelio con incentivos carnales.

Debemos dejar la venganza al Señor y resistir la tentación de desquitarnos de nuestros enemigos (Rom. 12:17-21).

Debemos persistir en la oración, sin rendirnos, confiando en amor de nuestro Padre celestial (cf. Mat. 7:7-11; Luc. 18:1; Ef. 6:18; Col. 4:2; 1 Tes. 5:17).

Dejar de quejarse

En medio de su discusión sobre la paciencia, Santiago incluye esta amonestación práctica, "*Hermanos, no os quejéis unos contra otros, para que no seáis condenados; he aquí, el juez está delante de la puerta*" (Sant. 5:9).

Es un poco incierto si la opresión que estaba sufriendo el auditorio de Santiago provino exclusivamente de afuera o fue parcialmente de hermanos abusivos. Sea cual fuere el caso particular, Santiago advierte contra una de las expresiones más comunes de impaciencia: Quejarse.

Cuando las cosas no salen como queremos, tendemos a irritarnos. Incluso, los pequeños asuntos que de otro modo podríamos pasar por alto captan nuestra atención. Con demasiada frecuencia descargamos nuestra frustración en los demás, ya sea culpándolos injustamente o quejándonos de ellos, y contra ellos. Sí, el refunfuño es síntoma de un problema mayor (cf. Sant. 1:8; 4:8).

Santiago nos recuerda que estas quejas enfrentan un juicio severo, y el juez está justo en la puerta ingresando al tribunal para juzgar. Si bien podemos estar ansiosos de que el Señor intervenga extendiendo su mano poderosa, Santiago quiere que nos detengamos y consideremos si estamos listos para que él nos juzgue. ¿Lo estamos?

Dos ejemplos de paciencia

Santiago elogia la paciencia en todo sentido de la palabra, ya sea en cuanto a la perseverancia bajo la prueba, es decir, el aguante y la firmeza, ya sea en cuanto a mantener la compostura, la longanimidad. Entonces, para ayudarnos a desarrollar la paciencia Santiago nos señala dos valiosos ejemplos del Antiguo Testamento.

> *"Hermanos míos, tomad como ejemplo de aflicción y de paciencia a los profetas que hablaron en nombre del Señor. He aquí, tenemos por bienaventurados a los que sufren. Habéis oído de la paciencia de Job, y habéis visto el fin del Señor, que el Señor es muy misericordioso y compasivo"* (Sant. 5:10,11).

Los profetas y Job nos enseñan tres lecciones valiosas. Queremos enfocar estas tres lecciones en el presente artículo.

En primer lugar, el sufrimiento es transversal, es decir, ocurre también al pueblo de Dios. A pesar del honor de ser un profeta del Altísimo, un vocero inspirado de Dios, los profetas no fueron tratados con el respeto que merecían. Por el contrario, fueron maltratados por sus propios compatriotas, generalmente, por el mensaje que predicaban. Esteban preguntó al Sanedrín, *"¿A cuál de los profetas no persiguieron vuestros padres?"* (Hech. 7:52).

El sufrimiento de Job fue diferente. Sencillamente, fue un asalto directo de Satanás. En ese momento, sin embargo, Job no estaba en posición de ver la razón por la cual le sobrevino la prueba. La falta de percepción le provocó mucha angustia. Entonces, ya sea que entendamos o no, el hecho es que el pueblo de Dios sufre.

En segundo lugar, debemos aprender a soportar el sufrimiento. Los profetas lo hicieron, y continuaron predicando, a pesar de la oposición severa de los incrédulos. Por ejemplo, Habacuc preguntó, "*¿Hasta cuándo, oh Jehová…?*" (Hab. 1:2), Jeremías lamentó ser hecho el hazmerreír del pueblo (Jer. 20:7), y Elías sintió que él era el único que procuraba hacer lo correcto (1 Rey 19:10). Sea como fuere el caso, los profetas de Dios persistieron fielmente a pesar del sufrimiento, tanto así que Jeremías comparó la palabra de Dios como un fuego en sus huesos que no pudo contener (Jer. 20:9).

Job también soportó el sufrimiento. A veces leemos que su paciencia menguaba, en un momento se enojó, en otro se quejó, pero se mantuvo firme mientras expresaba sus emociones en su falta de mayor entendimiento. En un momento dijo, "*He aquí, aunque él me matare, en él esperaré*" (Job 13:15).

Por último, toda la experiencia, por muy dolorosa que sea, vale la pena. Los profetas que resistieron fielmente fueron bendecidos. Jesús nos recuerda cómo debemos reaccionar cuando somos maltratados, "*Gozaos y alegraos, porque vuestro galardón es grande en los cielos; porque así persiguieron a los profetas que fueron antes de vosotros*" (Mat. 5:12). Job también fue bendecido. Al final de su historia, después de confesar sus limitaciones y comentarios inapropiados, el Señor le restableció, "*Y quitó Jehová la aflicción de Job, cuando él hubo orado por sus amigos; y aumentó al doble todas las cosas que habían sido de Job*" (Job 42:10).

Santiago nos enseñó que la corona de vida será de los que perseveran, resisten, persisten (Sant. 1:12). El sufrimiento actual no es digno de ser comparado con la gloria venidera (Rom. 8:18).

No jures

"Pero sobre todo, hermanos míos, no juréis, ni por el cielo, ni por la tierra, ni por ningún otro juramento; sino que vuestro sí sea sí, y vuestro no sea no, para que no caigáis en condenación" (Sant. 5:12).

Este versículo nos recuerda lo que Jesús dijo en "El sermón del monte" cuando señaló el uso de juramentos en el habla cotidiana. Sin embargo, en ambos pasajes aprendemos que Dios espera que seamos personas íntegras, que siempre digamos la verdad, y que cumplamos nuestros compromisos. Por lo tanto, hacer un juramento no aumenta nuestra obligación de ser veraz, así como no hacerlo no la disminuye.

"Como lo ha hecho en repetidas ocasiones en su epístola, Santiago hizo hincapié en que la forma de hablar de una persona suministra la evidencia más reveladora de su condición espiritual (cp. Sant. 1:26; 2:12; 3:2-11; 4:11)" (J. F. MacArthur).

"Era un pecado común de ese día marcar la conversación ordinaria con todo tipo de imprecaciones y juramentos utilizados como un dispositivo para establecer credibilidad. Aparentemente, muchos a quienes escribió Santiago eran culpables de esto, de ahí el énfasis en ello" (J. B. Coffman).

Los diferentes comentarios a los cuales hemos podido acceder no dejan del todo claro si es que hay una conexión de este versículo con el contexto circundante. No obstante, este estudiante de la Biblia cree que hay una conexión particular con el sufrimiento, indicado en los versículos anteriores (v.7-11), debido a lo cual, en el versículo 12, Santiago dijo, *"Y sobre todo"* (LBLA), *"Pero ante todo"* (VM).

En fin, Santiago enfatiza la atención que debemos dar a nuestra habla, la cual indica la condición de nuestro corazón y expone nuestra integridad o la falta de ella.

Afligido, pero orando

El libro Santiago es un libro sencillo y franco. No es de extrañar que Santiago, por tanto, comience la sección final con algunas preguntas prácticas para su auditorio, preguntas que enfocan un problema ante el cual se debe reaccionar adecuadamente.

"*¿Está alguno entre vosotros afligido? Haga oración*" (Sant. 5:13). El sufrimiento es un concepto amplio. La variedad de sufrimiento es tremenda. El sufrimiento puede incluir la enfermedad o el duelo, el maltrato o la persecución, incluso la decepción y el desánimo. Anteriormente, Santiago señaló que los cristianos han de enfrentar diversas pruebas (Sant. 1:2; cf. 2 Tim. 4:5).

¿Cómo reaccionamos en tales circunstancias dolorosas? Santiago dice que oremos. Las alternativas populares son diversas (alcohol, pastillas, quejas, represalias, etc.), pero no solucionan el problema real, y dejan más arruinada a la persona. En cambio, el pueblo de Dios debe orar sin cesar (1 Tes. 5:17).

¿Ha meditado sobre la calidad de sus oraciones? Algunos oran solamente para quejarse, "¿por qué yo?... ¿Por qué debo afrontar esto?". Ciertamente, podemos elevar nuestras oraciones a un nivel superior. Recordemos, Santiago nos enseña que oremos pidiendo sabiduría (1:5) la cual nos ayudará a lidiar con el desafío ante nosotros y con los obstáculos que éste nos impone. Podemos orar por fortaleza para soportar el peso que nos oprime (cf. Ef. 1:19; 3:16; 6:10,18; Fil. 4:13) con paciencia (Sant. 5:10). Podemos pedir que el Señor nos ayude a sufrir como es digno del evangelio (Fil. 1:27-30; 3:17; Tito 2:10; 3:1,2). Podemos pedir por nuestros enemigos (Mat. 5:44) así como por nuestra actitud y conducta ante ellos (Rom.

12:17-21). Sobre todas las cosas, podemos pedir que nuestro buen Dios haga su voluntad (Mat. 6:10).

"La oración es la respuesta natural del corazón (en lugar de juramentos vanos) a la aflicción. Es la acción del corazón que confía en el Padre Celestial. En lugar de atribuir a Dios despropósitos (Job 1:22), como hacen muchos en el tiempo de problemas (aflicciones), el cristiano va a Dios en oración por alivio" (B. H. Reeves, Notas sobre Santiago).

¿Oramos como es debido para alcanzar misericordia y hallar gracia para el oportuno socorro (Heb. 4:16)?

Alegre y cantando alabanzas

Santiago escribió por el Espíritu lo siguiente, "*¿Sufre alguno entre vosotros? Que haga oración. ¿Está alguno alegre? Que cante alabanzas*" (Sant. 5:13).

Las circunstancias de gozo siguen a las de tristeza, y la reacción natural de un corazón gozoso es cantar alabanzas a Dios. Santiago indica dos reacciones opuestas, pero no excluyentes, y dirigidas al centro de la vida del cristiano, Dios.

Anteriormente, Santiago señaló que "*Toda buena dádiva y todo don perfecto desciende de lo alto, del Padre de las luces*" (1:17), por lo tanto, la reacción natural del cristiano es elogiar elocuentemente a la fuente de todo lo bueno en su vida comportándose en toda circunstancia como un verdadero adorador (Jn. 4:23,24). Pablo dijo a los colosenses, "*cantando a Dios con acción de gracias en vuestros corazones*" (Col. 3:16, LBLA).

"Cuando el sol del favor de Dios descansa sobre nosotros, nos llenamos de gozo y alegría. Entonces ha llegado el momento de cantar con regocijo… Los escritores del libro de Salmos nos enseñan cómo hacerlo. Ellos mantienen su gozo y felicidad dentro de un marco adecuado y le dan a Dios la gloria, el honor y la alabanza que le corresponden… En definitiva, debemos ser pacientes en la oración en la adversidad y agradecidos y felices en la prosperidad" (Simon J. Kistemaker).

Como dijimos, y ahora repetimos, la oración y el canto no son mutuamente excluyentes. Uno puede orar cuando está alegre y cantar cuando está triste. De hecho, podemos regocijarnos aún en el sufrimiento. Por ejemplo, los apóstoles se regocijaron de sufrir por la causa de Cristo (Hech. 5:41). Otro ejemplo, Pablo y Silas cantaron himnos de alabanza cuando el sufrimiento aún no cesaba, es decir, mientras permanecían en el calabozo (Hech. 16:24,25). En fin, no importa la circunstancia, siempre alguna forma de adoración será oportuna, porque Dios siempre es digno de ser alabado.

Llame a los ancianos de la iglesia

Santiago escribió por el Espíritu, "*¿Está alguno enfermo entre vosotros? Llame a los ancianos de la iglesia, y oren por él, ungiéndole con aceite en el nombre del Señor. Y la oración de fe salvará al enfermo, y el Señor lo levantará; y si hubiere cometido pecados, le serán perdonados. Confesaos vuestras ofensas unos a otros, y orad unos por otros, para que seáis sanados. La oración eficaz del justo puede mucho*" (Sant. 5:14-16).

Estos versículos, que comienzan con una pregunta tan sencilla y la respuesta a ella, han sido entendidos de más de una forma. Es posible que no podamos determinar con precisión los detalles, pero el punto principal es claro.

Santiago señala a un cristiano enfermo. La enfermedad física está inicialmente a la vista y el lenguaje sugiere un padecimiento grave. No obstante, Santiago incluye también la posibilidad de una enfermedad espiritual. Es más, ambas enfermedades podrían estar vinculadas, según indica Santiago. Algunos pecados tienen consecuencias físicas inherentes; además, la culpa puede producir síntomas físicos adversos (cf. Jn. 5:14). Pero, debemos también reconocer que la enfermedad física no siempre es atribuible a algún pecado específico (cf. Jn. 9:1-3).

Santiago instruye al cristiano enfermo a tomar la iniciativa llamando a los ancianos, informando sobre su situación con la esperanza de ser visitado. Luego, los ancianos de la congregación deben hacer dos cosas, orar por el enfermo y ungirlo con aceite.

¿Cuál es el propósito de la unción con aceite? Algunos piensan que es una unción medicinal. En los días de Santiago el aceite se usaba como ungüento (cf. Luc. 10:34). Otros piensan que el aceite enfoca la consagración a Dios, lo cual es la razón más común para la unción en la Biblia. Otros creen que la unción fue realizada para una curación milagrosa (cf. Mar. 6:13). Los que adoptan esta tercera vía de interpretación creen que los ancianos del contexto tenían el don de sanar milagrosamente.

Independientemente del propósito exacto de la unción, el énfasis de Santiago está en la oración. Santiago dice que la oración restaurará al enfermo, es decir, Dios lo sanará en respuesta a la oración de fe (cf. Sant. 1:6), oración que proviene de los corazones de hombres probados como fieles, consagrados, obedientes y mansos (Sant. 5:16). Seguramente, los ancianos de la iglesia serían tales hombres.

Aquel que está enfermo de pecado ciertamente no puede ser sanado sin el arrepentimiento y la confesión del pecado. El estímulo mutuo para hacer el bien, la responsabilidad personal, y la oración conjunta, combinados con la gracia divina, tendrán el efecto curativo para el alma enferma de pecado mortal.

Por supuesto, las prácticas católico-romanas de la "extremaunción" y la "confesión a un sacerdote" no están justificadas en lo absoluto, ni en la enseñanza de Santiago, ni en la enseñanza de algún otro pasaje de la Biblia. Sencillamente, la Biblia no apoya al catolicismo romano.

¿Qué de nosotros? ¿Cómo reaccionamos cuando nos azota la enfermedad? ¿Solicitamos el socorro de aquellos que pueden orar por nosotros? ¿Hay pecado del cual tengamos que arrepentirnos? ¿Estamos dispuestos a confesar lo equivocados que estuvimos?

El poder de la oración

Santiago anima a los cristianos a orar los unos por los otros, especialmente cuando hay alguna enfermedad, ya sea física, ya sea espiritual, o ambas. Santiago nos da esperanza, *"La oración eficaz del justo puede lograr mucho"* (Sant. 5:16, LBLA). *"Mucho puede la suplica ferviente del hombre justo"* (VM). *"La oración ferviente del justo tiene mucho poder"* (JER).

La afirmación esperanzadora es sustentada con un hecho histórico en la vida del profeta Elías, *"Elías era hombre sujeto a pasiones semejantes a las nuestras, y oró fervientemente para que no lloviese, y no llovió sobre la tierra por tres años y seis meses"* (Sant. 5:17). Curiosamente, la oración de Elías no se menciona específicamente en el relato del Antiguo Testamento al cual hace referencia Santiago, pero se implica. El argumento de Santiago, por lo tanto, está basado en una implicación, y es, por consiguiente, una inferencia necesaria.

Elías vivió en los días de Acab y Jezabel, quienes fueron hasta aquel momento los gobernantes más impíos de Israel. Popularizaron el culto a Baal, alejando a la nación de Dios. Entonces, era necesario que Dios levantara a un profeta en aquel momento de crisis, el cual serviría como una llamada de atención seria. Elías, entonces, oró, y luego dijo al rey Acab: *"Vive Jehová Dios de Israel, en cuya presencia estoy, que no habrá lluvia ni rocío en estos años, sino por mi palabra"* (1 Rey. 17:1).

Tres años después, Elías se enfrentó a los profetas de Baal en una disputa decisiva la cual ocurrió en el monte Carmelo. Dios demostró su gloriosa supremacía al enviar fuego del cielo para consumir el sacrificio de Elías junto con las piedras del altar, el agua, e incluso, el polvo que rodeaba el altar. A consecuencia de aquello la nación respondió reconociendo a Dios y colaborando en la ejecución de los profetas de Baal (1 Rey. 18:20-40).

Fue entonces que Elías anunció lluvia. Este estudiante de la Biblia cree que 1 Reyes 18:42 es el momento en que Elías oró, luego de haber anunciado la lluvia. Los versículos siguientes indican que Elías oró con fervor y diligencia varias veces. *"Y aconteció, estando en esto, que los cielos se oscurecieron con nubes y viento, y hubo una gran lluvia"* (1 Rey. 18:45). *"Y otra vez oró, y el cielo dio lluvia, y la tierra produjo su fruto"* (Sant. 5:18). ¡Ciertamente, la oración es poderosa viniendo de los justos!

Un crítico podría objetar afirmando que "Elías era un profeta, y que como profeta su caso no se aplica a nosotros". Es verdad, Elías era un profeta, pero recuerde lo que dijo Santiago, *"Elías era hombre sujeto a pasiones semejantes a las nuestras"*.

El punto de Santiago es que la oración es una herramienta poderosa, que nace de la humildad y la confianza, que requiere perseverancia y diligencia, y que es eficaz viniendo de los justos. Pero, los justos no son una raza de "superhumanos". Los justos son los hombres y mujeres en Cristo comprometidos totalmente con Dios y que buscan siempre hacer la voluntad de él. Y esperamos que usted se encuentre en este grupo.

La última palabra de Santiago

"Hermanos, si alguno de entre vosotros se ha extraviado de la verdad, y alguno le hace volver, sepa que el que haga volver al pecador del error de su camino, salvará de muerte un alma, y cubrirá multitud de pecados" (Sant. 5:19,20).

En su breve párrafo final, Santiago presenta un problema trágico y una solución bendita. Veamos ambas cosas.

El problema es un cristiano que se desvía de la verdad. Puede desviarse hacia algún tipo de error doctrinal, o aventurarse en algún pecado personal. Por supuesto, lo primero conduce inevitablemente a lo segundo. Obviamente, no solo es posible que un cristiano lo haga, sino que el hacerlo será desastroso. Santiago se refiere a este hombre como un *"pecador"* que se dirige a la muerte eterna.

El Nuevo Testamento nos advierte constantemente sobre este problema. Es vital estar alerta, siendo cuidadosos con lo que aprendemos y siempre conscientes de qué influencias están afectando nuestras vidas, velando a los primeros signos que indicarían que estamos resbalando o desviándonos. Es igualmente esencial reforzar lo que hemos aprendido de Cristo a través del estudio regular de su palabra, la adoración constante y la asociación útil. Nuestro destino eterno está en juego.

La solución que Santiago prevé es que alguno haga volver al extraviado del error de su camino. Este trabajo lo podría hacer un anciano o un predicador, pero Santiago no limitó la misericordia a estos oficios. Cualquier hermano o hermana puede hacer algo. Los espirituales lo harán (Gal. 6:1,2).

No debemos patear a los hermanos descarriados más lejos del camino, o ir tras ellos con un hacha para hacer la cirugía. Usando de sabiduría podemos reconocer la oportunidad (Mat. 7:6; 2 Tes. 3:15).

Algunas personas se resienten de cualquier esfuerzo por acercarse a ellas para amonestarles por sus pecados. No es raro que las ovejas descarriadas bloqueen el contacto con los hermanos que las buscan para hacerlas volver al buen redil. Por supuesto, siempre hay excepciones y debemos ser optimistas. Los corazones endurecidos pueden enternecerse y volverse al Señor.

El arrepentimiento salva un alma de la muerte eterna, y cubre una multitud de pecados, en lugar de esconderlos como si nunca hubieran ocurrido. Dicho de otro modo, al final del camino de regreso está Dios con su perdón (cf. Rom. 4:7,8). Sí, el arrepentimiento no es un sentimiento, es un viaje.

Bosquejos de sermones

Introducción a la epístola de Santiago

Introducción

A. No todo el que envejece, madura, porque hay una gran diferencia entre "edad" y "madurez".
   1. Idealmente, cuanto mayores seamos, más maduros deberíamos ser. Sin embargo, muchas veces, lo ideal no es real.
   2. El resultado de la inmadurez son los problemas personales, familiares y entre hermanos en Cristo.

B. La epístola de Santiago fue escrita para ayudarnos a lograr madurez espiritual (cf. Sant. 1:4).

C. Con la presente lección comenzaremos una serie de sermones basados en la epístola Santiago, lo cual será una travesía.
   1. Queremos saber de antemano lo que encontraremos en el camino.
   2. La presente lección tiene el propósito de mostrarnos a dónde vamos y lo que podemos esperar en este viaje bíblico.

D. Plan de estudio:
   1. ¿Quién fue Santiago?
   2. ¿A quiénes escribió Santiago?
   3. ¿Por qué les escribió Santiago?
   4. ¿Cómo podemos aprovechar al máximo esta epístola?

I. ¿Quién fue Santiago?

A. Varios hombres en el registro del Nuevo Testamento llevaron este nombre:

   "El nombre Santiago es igual que Jacobo o Jaime (y aún Diego)... El texto griego dice, en Stg. 1:1, iakobos (Jacobo), como también en los demás textos del Nuevo Testamento referentes a este nombre" (Bill H. Reeves, Notas sobre Santiago).

   1. Jacobo el pescador de Galilea (Mat. 4:18-22).

   a. Quien junto a su hermano Juan fueron llamados "hijos del trueno" (cf. Mar. 3:17; Luc. 9:51-56).
   b. Quien fue asesinado por Herodes (Hech. 12:1,2; año 44 D.C.).
2. Jacobo hijo de Alfeo (cf. Mat. 10:3; Hech. 1:13).
   a. Otro de los apóstoles.
   b. No hay indicios de que haya escrito alguna epístola.
3. Jacobo el padre del apóstol Judas (Luc. 6:16).
   a. Un personaje oscuro en el registro bíblico.
   b. No hay indicio de que haya escrito alguna epístola.
4. Jacobo el hermano del Señor (cf. Gal. 1:19).
   a. El hermano en cuanto a la carne de Jesús de Nazaret (Mat. 13:55)
   b. Quien al principio no creía en Jesús (Jn. 7:5).
   c. Quien después de la resurrección de Jesús se convirtió en discípulo (1 Cor. 15:7; Hech. 1:14).
      (1) El candidato más probable.
      (2) Se identifica a sí mismo como "siervo de Dios y del Señor Jesucristo" (Sant. 1:1).
      (3) Un hermano columna de la iglesia en Jerusalén (Gal. 2:9).
         (a) Cuando Pedro fue liberado de la cárcel envió un mensaje especial a Jacobo (Hech. 12:17).
         (b) Desempeñó una participación importante en la conferencia en Jerusalén (Hech. 15:13-33)
         (c) Cuando Pablo visitó Jerusalén se reunió especialmente con Santiago (Hech. 21:18,19).

B. ¿Qué tipo de hombre era Santiago?
1. Un hombre profundamente espiritual que obtuvo prominencia en la iglesia de Jerusalén.
2. Es conocido como "Santiago el justo".
3. La tradición nos informa que fue un hombre de oración.
   a. Lo cual explica su énfasis en la oración en la epístola.
   b. Se dice que oraba tanto que sus rodillas eran tan duras como las de un camello.
4. La tradición nos informa que Santiago fue martirizado en el año 62 D.C.

a. Arrojado desde el pináculo del templo.
b. Luego golpeado con palos y piedras hasta morir.
c. Quien antes de morir dijo, "Padre, perdónalos, porque no saben lo que hacen".

II. ¿A quiénes escribió Santiago?

A. "a las doce tribus de la dispersión" (Sant. 1:1).
 1. Primera opción: Santiago escribió a los judíos que vivían fuera de Palestina.
  a. "doce tribus" sería una referencia al pueblo de Israel, la nación judía (cf. Hech. 26:6,7).
  b. Desde los cautiverios asirio y babilonio muchos judíos estaban esparcidos entre las naciones (cf. Hech. 2:5-11).
  c. "Es imposible que esta carta haya sido dirigida directamente a los judíos inconversos, porque las muchas referencias en ella a Jesús, y a la fe de la cual él es el autor, no lo permiten (Sant. 1:1,18,25; 2:1,12; 5:7,8)." (B. H. Reeves).
 2. Santiago escribió a judíos cristianos.
  a. Muchas veces les llama "hermanos". Los cuales serían sus hermanos en el Señor, y no hermanos en la carne (cf. Jn. 2:1).
  b. "Es cierto que la iglesia de Cristo, compuesta así de gentiles como de judíos, es llamada el Israel espiritual, pero esta carta no se dirige a los pecados peculiarmente gentiles (la fornicación, la idolatría, etcétera), sino a los de judíos (la jactancia, las riquezas, los juramentos, etcétera)" (B. H. Reeves).
 3. Santiago escribió a cristianos en general.
  a. "las doce tribus de la dispersión" no se limita a cristianos judíos sino a todos los cristianos quienes forman el Israel espiritual (cf. Gal. 6:16).
  b. Pedro usa el término para la iglesia como el nuevo pueblo de Dios (1 Ped. 1:1; 2:9,10).

B. La condición general de los destinatarios era la pobreza
 1. Siendo cristianos judíos, eran rechazados tanto por los judíos.

2. Siendo cristianos gentiles, eran rechazados por sus paisanos.
3. La epístola indica que la mayoría de los destinatarios era oprimida por los ricos (Sant. 2:6,7).

III. ¿Por qué les escribió Santiago?

A. Santiago quiere corregir la mentalidad de ellos, y ciertas actitudes y conductas.
   1. No reconocían el valor de las pruebas.
   2. No reconocían el proceso de la tentación.
   3. Oían la palabra, pero no la ponían en práctica.
   4. Hacían acepción de personas.
   5. Competían por el puesto de maestro.
   6. No usaban bien su lengua.
   7. Eran faltos de sabiduría.
   8. Había mundanalidad en sus vidas.
   9. ¿Puede nombrar otros problemas del auditorio a quien Santiago escribió?

B. Las deficiencias del auditorio bien se resumen con la declaración, "El hombre de doble ánimo es inconstante en todos sus caminos" (Sant. 1:8).
   1. Estos defectos, vicios, y fallas, tienen sus raíces en el "doble ánimo".
   2. Este "doble ánimo" indica un corazón dividido (cf. Sant. 4:8).

C. Santiago no solo señala el error, también prescribe lo correcto:
   1. Procurando lograr un estado de madurez en sus lectores.
   2. Propósito resumido en la declaración, "para que seáis perfectos y cabales, sin que os falte cosa alguna" (Sant. 1:4; cf. 3:2).

D. El propósito de Santiago es lograr la madurez espiritual en su auditorio.
   1. Dios requiere de hombres y mujeres maduros.
   2. Pero, muchas veces sólo encuentra niños en su pueblo.

IV. ¿Cómo podemos aprovechar al máximo esta epístola?

A. Debemos nacer de nuevo.
   1. Santiago escribe a un auditorio parido por Dios (Sant. 1:18).

2. Este nuevo nacimiento se produce por la obediencia a la palabra del evangelio (1 Ped. 1:22,23).
    a. Implica el nacer "de agua y del Espíritu" (Jn. 3:5).
    b. Implica el bautismo (cf. Mar. 16:16; Tito 3:5).
    c. Lo que siempre se enseñaba en el primer siglo (Hech. 2:38,41; 22:16).

B. Debemos examinarnos honestamente:
1. Santiago compara a la palabra de Dios con un espejo (Sant. 1:22-25).
2. Este espejo divino nos permite ver la realidad y corregirnos.

C. Debemos obedecer lo que aprendemos.
1. Ser "hacedores" no simplemente "oidores" (Sant. 1:22).
2. La bendición no viene por simplemente oír la verdad, sino por obedecer la verdad (Sant. 1:25).

D. Debemos prepararnos para las pruebas.
1. No hay otra forma de desarrollar la paciencia (Sant. 1:3).
2. Sin embargo, todo sufrimiento valdrá la pena (Sant. 1:12).

E. Debemos medir nuestra estatura espiritual.
1. No debemos medirnos comparándonos con otros cristianos (cf. 2 Cor. 10:12)
2. Debemos medirnos en relación con Cristo y su palabra.

Conclusión

A. No todos los que envejecen, crecen y maduran.
1. No es lo mismo "edad" que "madurez".
2. Un cristiano de 15, 20 o 30 años no será necesariamente un cristiano maduro.

B. Los cristianos maduros:
1. Se gozan en el Señor a pesar de las pruebas.
2. Superan las tentaciones mientras trabajan en la obra.
3. Son fuente de ánimo y apoyo en la iglesia.

Siervo de Dios y del Señor Jesucristo

Santiago 1:1

Introducción

A. Reconociendo que Jacobo, "el hermano del Señor" (Gal. 1:19) fue el autor de la epístola de Santiago:
   1. Es muy interesante que se identifique a sí mismo como "siervo de Dios y del Señor Jesucristo" (Sant. 1:1).
   2. Pablo se identificaba de la misma manera (Rom. 1:1; Fil. 1:1), al igual que Pedro (2 Ped. 1:1) y Judas (Jud. 1:1).

B. El sustantivo "siervo" (gr. "doúlos") significa "esclavo".
   1. ¿Por qué estos hombres de Dios se identificaban como "siervos"?
   2. ¿Por qué nosotros debiésemos vivir como "siervos" de Dios?

C. Plan de estudio:
   1. Todo discípulo de Cristo debe ser un "siervo".
   2. Ser un "siervo" es una marca de madurez espiritual.
   3. Ser un "siervo" tiene varias implicaciones.
   4. Ser un "siervo" es un gran honor.

I. Todo discípulo de Cristo debe ser un "siervo".

A. Jesús destacó esta verdad en varias oportunidades.
   1. Al condenar la falta de espíritu de servicio en los escribas y fariseos (Mat. 23:8-12).
   2. Cuando lavó los pies de sus discípulos (Jn. 13:12-17).
   3. Con su propio ejemplo (Mat. 20:25-28; Fil. 2:5-8).

B. Somos llamados a:
   1. Servir a Dios (Sant. 1:1; Heb. 9:14).
   2. Servir a Jesucristo (Sant. 1:1; 1 Cor. 4:1).
   3. Servir a la justicia (Rom. 6:17,18).
   4. Servir por amor los unos a los otros (Gal. 5:13; 1 Cor. 9:19-23).

II. Ser un "siervo" es una marca de madurez espiritual.

A. Una persona inmadura demuestra su niñez en el egoísmo:
   1. Por ejemplo, los bebés son muy egocéntricos.
   2. Normalmente, cuando la persona madura comienza a considerar a los demás:
      a. Una marca distintiva de vital madurez.
      b. Si resisten considerar a los demás demuestras inmadurez.

B. Una persona que sirve a otros ciertamente no es egoísta:
   1. Se preocupa por las necesidades de los demás.
   2. Demuestra, por lo tanto, un comportamiento maduro.

C. La descripción que hace Santiago de sí mismo:
   1. Indica su propio espíritu de madurez:
      a. "Mas tenga la paciencia su obra completa, para que seáis perfectos y cabales, sin que os falte cosa alguna" (Sant. 1:4).
      b. "Si alguno no ofende en palabra, éste es varón perfecto, capaz también de refrenar todo el cuerpo" (Sant. 3:2).
   2. Demuestra el problema de su auditorio (cf. Sant. 1:8; 4:8).

III. Ser un "siervo" tiene varias implicaciones.

A. Obediencia total.
   1. En una relación de Amo-esclavo:
      a. El esclavo no conoce más ley que la palabra de su amo.
      b. El esclavo no tiene derechos.
      c. El esclavo es posesión de su amo.
      d. El esclavo está obligado a una obediencia total.
   2. ¿Somos en realidad "siervos"?
      a. "¿O ignoráis que vuestro cuerpo es templo del Espíritu Santo, el cual está en vosotros, el cual tenéis de Dios, y que no sois vuestros? Porque habéis sido comprados por precio; glorificad, pues, a Dios en vuestro cuerpo y en vuestro espíritu, los cuales son de Dios" (1 Cor. 6:19,20).
      b. Cristo nos ha llamado en sus términos, no en los nuestros:
         (1) "¿Por qué me llamáis, Señor, Señor, y no hacéis lo que yo digo?" (Luc. 6:46).

(2) "No todo el que me dice: Señor, Señor, entrará en el reino de los cielos, sino el que hace la voluntad de mi Padre que está en los cielos" (Mat. 7:21).

B. Humildad total.
   1. Sin humildad no hay obediencia.
      a. La humillación de la mente nos hace receptivos a la idea de la obediencia total.
      b. Considérese la autoestima de Pablo (cf. 1 Cor. 15:9,10; Ef. 3:8; 1 Tim. 1:15).
   2. ¿Somos en realidad "siervos"?
      a. "Así también vosotros, cuando hayáis hecho todo lo que os ha sido ordenado, decid: Siervos inútiles somos, pues lo que debíamos hacer, hicimos" (Luc. 17:10).
      b. "Haced todo sin murmuraciones y contiendas" (Fil. 2:14; cf. 1 Cor. 10:10; Sant. 1:19-21).

C. Fidelidad total.
   1. Una lealtad voluntaria y absoluta, "Pues, ¿busco ahora el favor de los hombres, o el de Dios? ¿O trato de agradar a los hombres? Pues si todavía agradara a los hombres, no sería siervo de Cristo" (Gal. 1:10).
      a. Para cumplir la voluntad de aquel a quien servimos libremente.
      b. Sirviendo con diligencia y sin pereza
   2. ¿Somos en realidad "siervos"?

IV. Ser un "siervo" es un gran honor.

A. Este es el "título" por el cual los más grandes hombres de Dios fueron conocidos:
   1. "mi siervo Caleb" (Num. 14:24).
   2. "tus siervos Abraham, Isaac y Jacob" (Deut. 9:27).
   3. "Josué hijo de Nun, siervo de Jehová" (Jos. 24:29).
   4. "Moisés tu siervo" (1 Rey. 8:53).
   5. "mi siervo Job" (Job 1:8; 2:3).
   6. "mi siervo Isaías" (Is. 20:3).
   7. "los profetas mis siervos" (Jer. 7:25).

B. Podemos ser compañeros de estos grandes hombres de Dios:
   1. Si nos hacemos "siervos".

2. En total sumisión a la perfecta voluntad de Dios.

Conclusión

A. Somos siervos de Dios y del Señor Jesucristo cuando manifestamos:
   1. Obediencia total.
   2. Humildad total.
   3. Lealtad total.

B. Cuando servimos a Dios y al Señor Jesucristo, e incluso, a los hermanos, manifestamos una marca distintiva de madurez y vitalidad espiritual.

C. ¿Es usted "siervo de Dios y del Señor Jesucristo"?

La religión pura y sin mácula

Santiago 1:26,27

Introducción

A. ¿Qué tipo de religión tenemos?
   1. Religión "neumático de repuesto": Utilizado en caso de emergencia.
   2. Religión "carretilla": Hay que empujarla.
   3. Religión "autobús": La usamos si va donde queremos.

B. Sea cual fuere el tipo de religión que tengamos, ésta no tendrá valor alguno si no agrada a Dios: "Si alguno se cree religioso, pero no refrena su lengua, sino que engaña a su propio corazón, la religión del tal es vana. La religión pura y sin mácula delante de nuestro Dios y Padre es ésta: visitar a los huérfanos y a las viudas en sus aflicciones, y guardarse sin mancha del mundo" (Sant. 1:26,27, LBLA).

C. Plan de estudio: La religión pura y sin mácula
   1. Una religión práctica.
   2. Una religión personal.
   3. Una religión pura.

I. Una religión práctica

A. Exige que pongamos en práctica lo que aprendemos:
   1. Implícito en los verbos "visitar" y "guardarse" (Sant. 1:27).
      a. "Pero sed hacedores de la palabra, y no tan solamente oidores, engañándoos a vosotros mismos" (Sant. 1:22).
      b. "No todo el que me dice: Señor, Señor, entrará en el reino de los cielos, sino el que hace la voluntad de mi Padre que está en los cielos" (Mat. 7:21).
      c. "enseñándoles a guardar todo lo que os he mandado" (Mat. 28:20).
   2. Si no somos hacedores de la palabra, nos engañaremos a nosotros mismos (Sant. 1:22).

a. El oír no reemplaza el hacer.
b. La fe sin obras es muerta (Sant. 2:14,17,26).

B. Dios no tenía la intención de que nuestra religión involucrara solamente "ir a la iglesia".
1. La religión verdadera involucra a Dios y al prójimo (cf. Sant. 1:27; 2:1; 3:9)
2. El Nuevo Testamento enfatiza el hacer el bien a otros:
a. En los escritos de Pablo (Gal. 6:10; Tito 2:14; 3:8; 3:14).
b. Del autor a los hebreos (Heb. 13:16).
c. Del apóstol Juan (Jn. 3:17,18).

II. Una religión personal

A. Implícito por el uso de pronombres singulares en el contexto:
1. "alguno" (Sant. 1:23).
2. "su" (Sant. 1:23).
3. "él... sí mismo" (Sant. 1:24).
4. "éste" (Sant. 1:25).
5. "alguno" (Sant. 1:26).

B. Hay lugar para las donaciones corporativas, conjuntas, cuando la iglesia obra de su tesorería (1 Cor. 16:1,2).
1. Pero, nunca fue la intención de Dios reemplazar nuestro deber personal por el corporativo.
2. Lo que debe hacer el individuo no lo puede hacer la iglesia por él (cf. 1 Tim. 5:16).
3. No confundamos:
a. Oveja con rebaño.
b. Soldado con ejército.
c. Individuo con iglesia.

III. Una religión pura

A. Nuestra religión es vana (Sant. 1:26), a menos que sea:
1. "pura" (gr. "katharos"), "libre de mezclas impuras, sin tacha" (Vine).
2. "sin mácula" (gr. "amiantos"), "incontaminado, libre de contaminación" (Vine).
3. "sin mancha" (gr. "aspilos"), "sin defecto" (Strong).

B. Al pecador le es imposible agradar a Dios
   1. "por cuanto todos pecaron, y están destituidos de la gloria de Dios" (Rom. 3:23).
   2. "He aquí que no se ha acortado la mano de Jehová para salvar, ni se ha agravado su oído para oír; pero vuestras iniquidades han hecho división entre vosotros y vuestro Dios, y vuestros pecados han hecho ocultar de vosotros su rostro para no oír" (Is. 59:1,2).

C. Dios ha provisto el medio para lavar los pecados:
   1. "y de Jesucristo el testigo fiel, el primogénito de los muertos, y el soberano de los reyes de la tierra. Al que nos amó, y nos lavó de nuestros pecados con su sangre" (Apoc. 1:5).
   2. "Ahora, pues, ¿por qué te detienes? Levántate y bautízate, y lava tus pecados, invocando su nombre" (Hech. 22:16).

D. El cristiano no practica el pecado:
   1. "¿Qué, pues, diremos? ¿Perseveraremos en el pecado para que la gracia abunde?" (Rom. 6:1).
   2. "Hijitos míos, estas cosas os escribo para que no pequéis; y si alguno hubiere pecado, abogado tenemos para con el Padre, a Jesucristo el justo" (1 Jn. 2:1).
   3. "El que practica el pecado es del diablo; porque el diablo peca desde el principio. Para esto apareció el Hijo de Dios, para deshacer las obras del diablo" (1 Jn. 3:8).
      a. La obediencia provee el perdón: "pero si andamos en luz, como él está en luz, tenemos comunión unos con otros, y la sangre de Jesucristo su Hijo nos limpia de todo pecado" (1 Jn. 1:7).
      b. El perdón es condicional: "Si confesamos nuestros pecados, él es fiel y justo para perdonar nuestros pecados, y limpiarnos de toda maldad" (1 Jn. 1:9).

Conclusión

A. ¿Qué tipo de religión tienes?
   1. ¿Una religión que va más allá de las paredes del edificio de reuniones?
   2. ¿Una religión que involucra una vida transformada?
   3. ¿Una religión de piedad y servicio al prójimo?

B. ¿Es tu religión una religión pura?
   1. ¿Has sido lavado en la sangre de Cristo?
   2. ¿Estás perseverando en santidad?

Lento para la ira

Santiago 1:19,20

Introducción

A. En Santiago 1:19,20 encontramos un trío de virtudes necesarias:
   1. "pronto para oír"
   2. "tardo para hablar"
   3. "tardo para airarse".
B. Del contexto aprendemos que estas virtudes son necesarias al recibir la palabra de Dios (Sant. 1:18,21).
   1. Cualidades necesarias en momentos de prueba, cuando más necesitamos de la palabra de Dios.
   2. En otras palabras, debemos ser humildes y mansamente receptivos a lo que la palabra de Dios tiene que decirnos.
C. Queremos centrar nuestra atención en la tercera amonestación, "tardo para airarse".
   1. "porque la ira del hombre no obra la justicia de Dios" (Sant. 1:20).
   2. La "ira" y su primo el "enojo" a menudo son considerados "pecados menores".
D. Plan de estudio:
   1. Una panorámica al enojo y a la ira.
   2. Un estudio más cercano del enojo y de la ira.

I. Una panorámica al enojo y a la ira

A. Definiendo "enojo" (gr. "orge") e "ira" (gr. "thumos").
   1. "Se tiene que distinguir de orge en que thumos indica una condición más agitada de los sentimientos, una explosión de ira debida a la indignación interna; en tanto que orge sugiere una condición más fija o permanente de la mente, frecuentemente con vistas a tomar venganza. Orge es menos súbita en su aparición que thumos, pero más duradera en su naturaleza. Thumos expresa más los sentimientos internos,

orge la emoción más activa. Thumos puede que llegue a la venganza, aunque no necesariamente la incluya. Su característica es que se inflama súbitamente y que se apaga pronto, aunque ello no suceda en cada caso" (Vine).

2. El enojo es la indignación persistente pero no súbita y con miras a la venganza.
3. La ira es un repentino estallido apasionado, de palabras y hechos, y que muere con la misma rapidez. Lo que hoy llamamos "desahogarse".

B. El enojo y la ira en los libros de sabiduría:
   1. "Deja la ira y abandona el furor; no te irrites, sólo harías lo malo" (Sal. 37:8, LBLA).
   2. "El hombre pronto a la ira obra neciamente, y el hombre de malos designios es aborrecido… El lento para la ira tiene gran prudencia, pero el que es irascible ensalza la necedad" (Prov. 14:17,29, LBLA).
   3. "El hombre irascible suscita riñas, pero el lento para la ira apacigua contiendas" (Prov. 15:18, LBLA).
   4. "Mejor es el lento para la ira que el poderoso, y el que domina su espíritu que el que toma una ciudad" (Prov. 16:32, LBLA).
   5. "El hombre de gran ira llevará el castigo, porque si tú lo rescatas, tendrás que hacerlo de nuevo" (Prov. 19:19, LBLA).
   6. "Mejor es habitar en tierra desierta que con mujer rencillosa y molesta" (Prov. 21:19, LBLA).
   7. "No te asocies con el hombre iracundo; ni andes con el hombre violento, no sea que aprendas sus maneras, y tiendas lazo para tu vida" (Prov. 22:24,25, LBLA).
   8. "No te apresures en tu espíritu a enojarte, porque el enojo se anida en el seno de los necios" (Ecles. 7:9).

C. El enojo y la ira en el Nuevo Testamento:
   1. "No os venguéis vosotros mismos, amados míos, sino dejad lugar a la ira de Dios; porque escrito está: Mía es la venganza, yo pagaré, dice el Señor" (Rom. 12:19).
   2. "Ahora bien, las obras de la carne son evidentes, las cuales son: inmoralidad, impureza, sensualidad, idolatría, hechicería, enemistades, pleitos, celos, enojos, rivalidades, disensiones, sectarismos, envidias, borracheras, orgías y

cosas semejantes, contra las cuales os advierto, como ya os lo he dicho antes, que los que practican tales cosas no heredarán el reino de Dios" (Gal. 5:19-21, LBLA).

3. "Sea quitada de vosotros toda amargura, enojo, ira, gritos, maledicencia, así como toda malicia" (Ef. 4:31, LBLA).
4. "Pero ahora desechad también vosotros todas estas cosas: ira, enojo, malicia, maledicencia, lenguaje soez de vuestra boca" (Col. 3:8, LBLA).

D. Consideraciones importantes:
   1. Pablo concede un lugar para la ira controlada: "Airaos, pero no pequéis; no se ponga el sol sobre vuestro enojo, ni deis lugar al diablo" (Ef. 4:26,27).
   2. Jesús manifestó su desagrado con ira y enojo (Jn. 2:13-17; Mat. 23:13-36; Mar. 3:5).
   3. Dios se ha revelado como un Dios de ira (cf. Sal. 78:49-61; Is. 5:25; Rom. 1:18; 2:4-11).

II. Un estudio más cercano del enojo y la ira

A. La ira de Dios:
   1. Una reacción justa al mal (Rom. 1:18-2:11).
   2. El hombre no es capaz de airarse como Dios.

B. La ira de Cristo
   1. Su ira revela al Padre (cf. Jn. 1:18; 14:9).
   2. Lo mismo que afirmamos de la ira de Dios lo asumimos en la ira de Cristo.

C. La ira en Efesios 4:26
   1. Nuestra interpretación debe armonizar con el contexto (Ef. 4:31).
   2. Por lo tanto, debemos evitar pecar cuando nos enojemos, usando de autocontrol para no dar lugar a Satanás (Ef. 4:27).

Conclusión

A. La "ira de Dios" puede lograr lo que la "ira del hombre" no puede.
B. Que seamos "lentos para la ira" (cf. Sant. 2:24-26).

Tres tipos de fe

Santiago 2:14-26

Introducción

A. La fe es esencial en la vida cristiana
   1. "Y sin fe es imposible agradar a Dios; porque es necesario que el que se acerca a Dios crea que El existe, y que es remunerador de los que le buscan" (Heb. 11:6, LBLA).
   2. "Porque por gracia sois salvos por medio de la fe; y esto no de vosotros, pues es don de Dios" (Ef. 2:8).
   3. "porque por fe andamos, no por vista" (2 Cor. 5:7).
   4. "Pero el que duda sobre lo que come, es condenado, porque no lo hace con fe; y todo lo que no proviene de fe, es pecado" (Rom. 14:23).

B. Existen diferentes tipos de fe, pero sólo una es la fe aprobada por Dios.
   1. Santiago menciona estos tres tipos de fe.
   2. Podemos reconocer estos tipos de fe en nosotros y en otros.

C. Plan de estudio:
   1. La "fe muerta".
   2. La "fe demoniaca".
   3. La "fe dinámica".

I. La "fe muerta"

A. Características:
   1. Sustituye hechos, es decir, "obras", por palabras.
   2. Las palabras pueden ser bíblicas y, por lo tanto, correctas.
   3. Pero, la conducta no acompaña a las palabras.
   4. Esta "fe" es sólo un asentimiento mental, una "fe cadáver".

B. ¿Puede salvar este tipo de fe?
   1. Tres veces Santiago enfatiza que "la fe sin obras está muerta" (2:17,20,26).

2. Cualquier declaración de fe que no resulte en un cambio de vida es "fe muerta" (cf. 1 Jn. 5:12).
3. La "fe muerta" adormece, atonta, a la persona, con una falsa confianza, una engañosa sensación de seguridad.

II. La "fe demoniaca"

A. Santiago afirma que los demonios tienen fe (2:18,19).
    1. Creen en Dios.
    2. Creen en la deidad de Cristo (Mar. 3:11,12).
    3. Creen en un lugar de condenación (Luc. 8:31).
    4. Creen que Jesús será el Juez (Mat. 8:28,29).
B. Características de la "fe demoniaca".
    1. La "fe muerta" toca solo el intelecto, en cambio, la "fe demoniaca" toca también las emociones ("creen y tiemblan").
    2. Esta es una fe más alta que la "fe muerta", porque involucra tanto el intelecto como las emociones.
C. ¿Puede salvar este tipo de fe?
    1. Una persona puede iluminar su mente y estremecerse y aún así estar perdida para siempre.
    2. La fe aceptable a Dios involucra algo más que conocimiento y emociones: Una vida transformada (Sant. 2:18).

III. La "fe dinámica"

A. ¿Qué tipo de fe es esta?
    1. Viene por oír la palabra de Dios (Rom. 10:17).
    2. Involucra al hombre entero, no sólo el intelecto y las emociones.
    3. La fe dinámica involucra la voluntad.
        a. La mente comprende la verdad.
        b. El corazón se estremece por la verdad.
        c. La voluntad se sujeta a la verdad.
B. La "fe dinámica" se revela:
    1. No es una contemplación de la verdad.
    2. No es emocionalismo.
    3. Conduce la voluntad a las buenas obras.

C. Las ilustraciones de Santiago:
   1. Abraham, el amigo de Dios (cf. Sant. 2:21-24; Is. 41:8).
   2. Rahab, la ramera (Sant. 2:25).

Conclusión

A. Sólo una clase de fe puede justificarnos, y esta fe es la fe perfecta, la fe dinámica (Sant. 2:22,24).
B. Que examinemos nuestro corazón y vida (2 Cor. 13:5) en el espejo de la palabra de Dios (Sant. 2:25) y asegurarnos de andar en la fe que es aceptable a Dios.

Dos tipos de sabiduría

Santiago 3:13-18

Introducción

A. La Biblia nos anima a buscar la sabiduría
   1. En el Antiguo Testamento (cf. Prov. 3:13-18; 4:7-9).
   2. En el Nuevo Testamento (Ef. 5:15-17).

B. Santiago nos informa que hay más de un tipo de sabiduría (Sant. 3:13-18).
   1. Comenzó su argumento haciendo una pregunta, "¿Quién es sabio y entendido entre vosotros?" (v.13, LBLA).
   2. Indicó nuestra responsabilidad, "Que muestre por su buena conducta sus obras en mansedumbre de sabiduría" (v.13, LBLA).

C. Plan de estudio: La sabiduría terrenal y la sabiduría celestial
   1. Diferentes en su origen.
   2. Diferentes en su naturaleza.
   3. Diferentes en sus frutos.

I. Diferentes en su origen

A. La sabiduría terrenal no es de arriba (Sant. 3:15).
   1. Es "terrenal", es decir, mundana, conforme al mundo (cf. 1 Cor. 1:20; 2:14).
   2. Es "animal", es decir, sensual, apela a los sentidos, las emociones, las pasiones (cf. Heb. 12:16).
   3. Es "diabólica", es decir, conforme al diablo y sus ángeles, avivada e influenciada por Satanás.

B. La sabiduría celestial "es de lo alto" (Sant. 3:17), "desciende de lo alto" (3:15).
   1. Dios es la fuente de ella.
   2. Dios la proporciona (Sant. 1:5-8).

II. Diferentes en su naturaleza

A. La sabiduría terrenal se caracteriza por "celos amargos y contención" (Sant. 3:14,16).

1. Celos amargos: "El término griego que se traduce "amargos" se empleaba para aludir al agua no potable que no se podía beber. Al combinarse con "celos" define una actitud de envidia y resentimiento hacia los demás" (J. F. MacArthur).
2. Contención: "Se refiere a procurar el bien egoísta y es el tipo de ambición que engendra antagonismo y divisiones. La palabra griega llegó a describir a contendientes en política que estaban motivados por su egoísmo para cumplir sus intereses personales a cualquier costo, así tuvieran que pisotear a los demás" (Ibíd.).

B. La sabiduría celestial (Sant. 3:17).

1. Es "pura", es decir, fiel a la voluntad de Dios.
   a. Como Cristo y su evangelio son puros (1 Jn. 3:3).
   b. Esta pureza caracteriza al pueblo de Dios (Mat. 5:8).
   c. "Se refiere a integridad espiritual e integridad moral. Todo cristiano genuino tiene esta clase de motivación en su corazón" (J. F. MacArthur).
2. Es "pacífica" (cf. Mat. 5:9; Rom. 12:18; Ef. 4:15).
   a. Destila paz en el corazón.
   b. Dirige por caminos de paz.
3. Es "amable", en el trato con los demás.
   a. "Esta palabra es difícil de traducir, pero el significado más aproximado tiene que ver con el carácter de una persona dulce y razonable que está dispuesta a someterse a toda clase de maltrato y dificultad con una actitud de humildad amable y tranquila, sin pensamiento alguno de odio o venganza" (J. F. MacArthur).
   b. La misma palabra se traduce, "gentileza" (Fil. 4:5), "afables" (1 Ped. 2:18).
   c. Conduce a ser razonable, y tolerante, en opiniones y pareceres.
4. Es "benigna" (cf. 2 Tim. 2:24,25), "condescendiente" (VH).
   "El término original describía a una persona dispuesta a ser enseñada, cumplidora, fácil de persuadir y que se sometía de

buena gana a la disciplina militar o a vivir conforme a ciertos parámetros morales o legales. Para los creyentes tiene que ver con la obediencia a los parámetros de Dios" (J. F. MacArthur).

5. Está llena "de misericordia y de buenos frutos"
   "Estas dos cualidades se contrastan con "toda obra perversa" (v.16) de la sabiduría humana" (Bill H. Reeves).
6. Sin "incertidumbre", es decir, "parcialidad".
   "La palabra griega ocurre solo aquí en el NT y denota a una persona coherente e invariable que mantiene sus compromisos y su convicción, y que no hace distinciones injustificadas" (J. F. MacArthur).
7. Sin "hipocresía".
   "es transliteración de la palabra griega que originalmente significaba un actor de drama, y de eso uno que finge o pretende ser lo que no es. El hipócrita es insincero. La sabiduría divina dirige en la pura sinceridad, y nunca en el engaño" (Bill H. Reeves).

III. Diferentes en sus frutos

A. La sabiduría terrenal produce "perturbación" (inestabilidad y el caos) y "toda obra perversa" (Sant. 3:16).
B. La sabiduría celestial produce "frutos de justicia" (Sant. 3:18; cf. Fil. 1:11; Heb. 12:11).

Conclusión

A. ¿Qué tipo de sabiduría tenemos?
   1. Los sabios de Satanás se jactan (Sant. 3:14).
   2. Los sabios de Dios muestran "por la buena conducta sus obras en sabia mansedumbre" (Sant. 3:13).
B. La sabiduría terrenal no obedece al evangelio de Cristo.
   1. ¿Cómo responderás tú, amigo?
   2. ¿Serás tan sabio para obedecer a Cristo?

Acabando con las guerras

Santiago 4:1-12

Introducción

A. La guerra es con demasiada frecuencia una realidad en el mundo, a pesar de los tratados de paz, las organizaciones involucradas en la diplomacia, e incluso, las amenazas de armas nucleares.

B. Comentarios:

1. "Habiendo acabado de hablar de la paz que es fruto de la sabiduría divina, Santiago pasa a hablar de condiciones donde no prevalece la sabiduría divina en los corazones de los cristianos" (B. H. Reeves).

C. Plan de estudio:

1. Guerra con el prójimo.
2. Guerra dentro de uno mismo.
3. Guerra con Dios.

I. Guerra con el prójimo (Sant. 4:1,11,12).

A. Esto no debería afectar al pueblo de Dios (cf. Sant. 4:1; Tito 3:3).

1. El pueblo de Dios debe vivir en armonía (cf. Sal. 133:1; Jn. 13:34,35; 17:20,21).
2. Sin embargo, muchas guerras han ocurrido (ej. Gen. 13:7; 2 Sam. 15:10; Mar. 9:33; 1 Cor. 6:6; 11:18; Gal. 5:15; Fil. 4:2).

B. Santiago identificó varios conflictos bélicos entre hermanos:

1. Guerra de clases (2:1-9).
2. Guerra en el auditorio (1:19,20).
3. Guerra general (3:13-18).
4. Guerra de empleo (5:1-6).
5. Guerras personales (4:11,12).

II. Guerra dentro de uno mismo (Sant. 4:1-3).

A. La razón de la guerra, "¿De dónde vienen las guerras y los pleitos entre vosotros? ¿No es de vuestras pasiones, las cuales combaten en vuestros miembros?" (v.1).
   1. La "guerra en el corazón" ocasiona la "guerra exterior".
   2. Esta guerra se debe a deseos egoístas por satisfacer.
      a. "pasiones" (gr. "jedone"), "placer, deleite" (Vine). "placeres" (Luc. 8:14), "delicia" (2 Ped. 2:13), "deleites" (Tit. 3:3; Sant. 4:3).
      b. "La palabra griega (de la cual se deriva "hedonismo") siempre tiene una connotación negativa en el NT. Los deseos pasionales por placeres mundanos que caracterizan a los incrédulos" (J. F. MacArthur).
      c. "Las querellas y contiendas entre los hermanos eran el resultado de haber seguido sus deseos de gozar de placeres o deleites sensibles" (B. H. Reeves).
   3. En pocas palabras, el problema clave es "el egoísmo".

B. El egoísmo produce:
   1. Acciones impropias: "Codiciáis, y no tenéis; matáis y ardéis de envidia, y no podéis alcanzar; combatís y lucháis, pero no tenéis lo que deseáis" (v.2; cf. 1 Jn. 3:15).
   2. Oraciones impropias: "Pedís, y no recibís, porque pedís mal, para gastar en vuestros deleites" (v.3).

III. Guerra con Dios (Sant. 4:4-10).

A. ¿Cómo podría alguno declararse en guerra con Dios?
   1. Al entablar amistad con los enemigos de Dios:
      a. El mundo: "¡Oh almas adúlteras! ¿No sabéis que la amistad del mundo es enemistad contra Dios?" (v.4; cf. 1 Jn. 2:15-17).
      b. La carne: "¿De dónde vienen las guerras y los pleitos entre vosotros? ¿No es de vuestras pasiones, las cuales combaten en vuestros miembros? ¿O pensáis que la Escritura dice en vano: El Espíritu que él ha hecho morar en nosotros nos anhela celosamente?" (v.1,5; cf. 1 Cor. 6:19,20).

c. El diablo: "Pero él da mayor gracia. Por esto dice: Dios resiste a los soberbios, y da gracia a los humildes. Someteos, pues, a Dios; resistid al diablo, y huirá de vosotros" (v.6,7).

B. ¿Cómo disfrutar de la paz con Dios?
1. Someternos a él: "Someteos, pues, a Dios" (v.7).
2. Resistir al diablo: "resistid al diablo, y huirá de vosotros" (v.7).
3. Acercarnos a Dios: "Acercaos a Dios, y él se acercará a vosotros. Pecadores, limpiad las manos; y vosotros los de doble ánimo, purificad vuestros corazones" (v.8).
4. Humillarnos ante Dios: "Afligíos, y lamentad, y llorad. Vuestra risa se convierta en lloro, y vuestro gozo en tristeza. Humillaos delante del Señor, y él os exaltará." (v.9,10).

Conclusión

A. Si obedecemos a estas cuatro instrucciones, Dios se acercará a nosotros, así estaremos limpios y perdonados.

B. Cuando permanezcamos en paz con Dios, terminarán las guerras:
1. Con nuestro prójimo.
2. Dentro de nosotros mismos.

C. La pregunta es, ¿estamos en paz con Dios?

Haciendo planes

Santiago 4:13-17

Introducción

A. Santiago continúa procurando corregir la inmadurez (cf. Sant. 1:4) del hombre de doble ánimo (1:8) quien tiene que limpiar su corazón (4:8).
B. Este es un estudio relevante para nosotros, porque todos hacemos planes de algún tipo.
   1. Estudios y trabajo,
   2. Matrimonio y familia.
   3. Vacaciones y jubilación.
C. Hacer planes no es algo malo
   1. Pablo hacía planes (Hech. 15:36; 18:20,21; 1 Cor. 16:5-9).
   2. Hacer planes y fijar objetivos es clave para el éxito en cualquier empresa de la vida.
   3. "Santiago no condena la planificación sabia y prudente de ciertas actividades y negocios, sino más bien la planificación que deja por fuera a Dios. Las personas que se describen aquí son ateas prácticas que viven su vida y hacen sus planes como si Dios no existiera. Esa conducta es inconsecuente con la fe salvadora genuina que somete todo a Dios (Sant. 4:7)" (J. F. MacArthur).
D. Plan de estudio:
   1. Podemos someternos a la voluntad de Dios.
   2. Podemos ignorar la voluntad de Dios.

I. Podemos someternos a la voluntad de Dios

A. "Si el Señor quiere, viviremos y haremos esto o aquello" (Sant. 4:15).
   1. Lo cual indica dos cosas:
      a. Dios tiene una voluntad para nosotros aún en asuntos mundanos.

        b. Dios puede intervenir en su providencia para llevar a cabo su voluntad.
    2. Esto es lo que hacía Pablo:
        a. "Volveré a vosotros otra vez, si Dios quiere" (Hech. 18:21, LBLA).
        b. "Pues no deseo veros ahora sólo de paso, porque espero permanecer con vosotros por algún tiempo, si el Señor me lo permite" (1 Cor. 16:7, LBLA).
B. Debemos discernir la voluntad de Dios:
    1. Entender su voluntad (Ef. 5:17).
    2. Llenos del conocimiento de su voluntad (Col. 1:9).
    3. Comprobar su voluntad (Rom. 12:2).
C. Aspectos de la voluntad de Dios:
    1. Revelado:
        a. Por medio de Cristo (Heb. 1:1,2).
        b. Por medio de los apóstoles (Jn. 16:13; Ef. 3:4).
        c. Por medio de la Biblia (2 Tim. 3:16,17).
    2. Providencial (ej. Rom. 1:10; 15:32; 1 Jn. 5:14):
        a. En concordia con la revelación especial de Dios en las Escrituras.
        b. En concordia con la naturaleza y carácter de Dios.
        c. No fuerza nuestras limitaciones.
        d. No fuerza nuestras alternativas y opciones.
        e. No se siente, no se distingue por la emoción.
    3. Permisivo (lo que Dios permite).
        a. No es agradable a Dios todo lo que él permita.
        b. Muchos se basan en ella como estándar.

II. Podemos ignorar la voluntad de Dios

A. Planificar de esta manera es una locura (Sant. 4:13-15).
    1. Porque la vida es compleja, "Oíd ahora, los que decís: Hoy o mañana iremos a tal o cual ciudad y pasaremos allá un año, haremos negocio y tendremos ganancia" (v.13, LBLA)
    2. Porque la vida es incierta, "Sin embargo, no sabéis cómo será vuestra vida mañana" (v.14, LBLA).
    3. Porque la vida es frágil, "Sólo sois un vapor" (v.14, LBLA).

    4. Porque la vida es breve, “Sólo sois un vapor que aparece por un poco de tiempo y luego se desvanece” (v.14, LBLA).
B. Planificar de esta manera es una arrogancia enorme, “Pero ahora os jactáis en vuestra arrogancia; toda jactancia semejante es mala” (Sant. 4:16, LBLA).
C. Planificar de esta manera es pecado, “Pero ahora os jactáis en vuestra arrogancia; toda jactancia semejante es mala. A aquel, pues, que sabe hacer lo bueno y no lo hace, le es pecado” (Sant. 4:16,17, LBLA).

Conclusión

A. ¿Cómo hacemos nuestros planes?
    1. ¿Somos necios, arrogantes y pecadores?
    2. ¿Somos sabios, sumisos y piadosos?
B. A propósito, ¿ha hecho planes para la eternidad?
    1. No hay duda sobre la voluntad de Dios en este tema.
    2. Podemos estar seguros del éxito final y eterno.
    3. Sería una locura ignorar el consejo de Dios.

Restaurando a los santos descarriados

Santiago 5:19,20

Introducción

A. Cuando Santiago llega al final de su epístola, enfatiza la importancia de restaurar a los que se desvían de la verdad.

B. Todos los santos de Dios asumen la responsabilidad de restaurar a sus hermanos (cf. Gal. 6:1,2; 1 Tes. 5:14).

C. Plan de estudio:

1. La condición de quienes se han extraviado de la verdad.
2. Lo que se requiere para restaurar a quienes se han extraviado de la verdad.

I. La condición de quienes se han extraviado de la verdad

A. Según Santiago, un alma expuesta a la muerte eterna y ajena al perdón de Dios (Sant. 5:20; cf. 1 Jn. 1:6,7; Rom. 6:23, LBLA).

B. Según Pedro, enredados en las contaminaciones del mundo y en un estado peor que el primero (2 Ped. 2:20-22; cf. Luc. 12:47,48, LBLA).

C. Según el autor a los hebreos, merecedores de un mayor castigo que la propia muerte física (Heb. 10:26-31).

D. Según Jesús, indignos de la comunión de Cristo (Apoc. 2:4,5; 3:15,16, LBLA).

II. Lo que se requiere para restaurar a quienes se han extraviado de la verdad

A. Atributos espirituales

1. Hermanos espirituales (Gal. 6:1; cf. Gal. 5:22,23; Mat. 7:3-5).
2. Espíritu de bondad (Gal. 6:1).
3. Un sentido constante de autoexamen (Gal. 6:1).
4. Disposición a soportar las cargas del otro (Gal. 6:2).
5. Humildad (Gal. 6:3; cf. 2 Tim. 2:24-26).

6. Comprensión de la voluntad de Dios (1 Tim. 2:4; 2 Tim. 2:15).
7. Paciencia (2 Tim. 2:24).
8. Demostración de amor (2 Cor. 2:4-8).

B. Procedimiento especial
   1. Si es pecado personal (Mat. 18:15-17).
   2. Si es pecado público (1 Tes. 5:14; 2 Tes. 3:6,14,15; 1 Cor. 5:4,5).

Conclusión

A. El trabajo de corregir o restaurar a los santos puede ser desagradable, pero tiene el potencial de producir mucho gozo:
   1. "Os digo que así habrá más gozo en el cielo por un pecador que se arrepiente, que por noventa y nueve justos que no necesitan de arrepentimiento" (Luc. 15:7).
   2. "No tengo yo mayor gozo que este, el oír que mis hijos andan en la verdad" (3 Jn. 4).

B. Si amamos a Dios, amaremos a nuestros hermanos (1 Jn. 4:7-12).

Made in the USA
Columbia, SC
08 November 2023